Formeln und Tabellen aus Physik Chemie Mathematik

mit 20 teils zweifarbigen Abbildungen

von

Dr. Hildegard Hammer
Christoph Hammer

J. LINDAUER VERLAG · MÜNCHEN

1. Auflage 2010 – 6 5 4 3 2 / 2015 14 13 12 11

Die letzte Zahl bedeutet das Jahr des Druckes
Alle Drucke dieser Auflage sind, weil untereinander unverändert, nebeneinander verwendbar

Anregungen erbeten an den J. Lindauer Verlag, Postfach 100826, 80082 München

Gesamtherstellung: Friedrich Pustet, Regensburg
Printed in Germany

ISBN 978-3-87488-**190**-6

INHALT

HINWEISE

Ein Punkt über dem Buchstabensymbol bedeutet die erste Ableitung nach der Zeit; zwei Punkte bedeuten die zweite Ableitung nach der Zeit.

Unter dem Abstand ausgedehnter Körper ist stets der Abstand der Massenschwerpunkte bzw. Ladungsschwerpunkte gemeint.

Widerstand *R*, Kapazität *C* und Induktivität *L* bezeichnen sowohl das Bauteil selbst als auch den Wert der entsprechenden Größe.

Unter der Ladung *Q* versteht man sowohl die Eigenschaft eines Körpers als auch den Wert der Ladung.

Unter der Masse *m* versteht man sowohl die Eigenschaft eines Körpers als auch den Wert der Masse.

Treten die Buchstabensymbole vektorieller Größen wie Kräfte oder Feldstärken ohne Pfeil über dem Buchstabensymbol auf, so sind die Beträge der jeweiligen Größen gemeint.

Unter Normbedingungen sind die Bedingungen bei 0 °C und 1013 hPa zu verstehen. Unter Standardbedingungen sind die Bedingungen bei 25 °C und 1013 hPa zu verstehen.

Die geschweiften Klammern im Argument des Logarithmus geben die Maßzahl einer chemischen oder physikalischen Größe ohne Einheit wieder.

MECHANIK

NEWTON-Gesetze

1. NEWTON-Gesetz: Trägheitssatz

Wirkt auf einen Körper keine Kraft oder befindet er sich im Kräftegleichgewicht, so bleibt er in Ruhe oder er bewegt sich mit konstanter Geschwindigkeit geradlinig weiter.

2. NEWTON-Gesetz: Grundgleichung der Mechanik

$\vec{a}$ ist die Beschleunigung, die ein Körper der konstanten Masse m erfährt, wenn die Kraft $\vec{F}$ auf ihn wirkt.

$$\vec{F} = m\,\vec{a}$$

Falls die Masse nicht konstant ist, gilt die allgemeine Formulierung:

$$\vec{F} = \dot{\vec{p}}$$

$\vec{p}$ ist der Impuls des Körpers.

3. NEWTON-Gesetz: Wechselwirkungsgesetz

Actio gegengleich Reactio – Kräfte treten stets paarweise auf:

$$\vec{F}_1 = -\vec{F}_2$$

Einfache Beispiele für Kräfte

Gewichtskraft F_g auf einen Körper

m ist die Masse des Körpers,
g die Fallbeschleunigung am Ort des Körpers (► T 9.1).

$$F_g = m\,g$$

HOOKE-Gesetz

F ist die Kraft, mit der eine Feder gedehnt wird,
D ihre Federhärte, x ihre Dehnung.

$$F = D\,x$$

Dichte, Druck und Auftrieb

Dichte ρ eines Körpers / einer Flüssigkeit / eines Gases

m ist die Masse des Körpers / der Flüssigkeit / des Gases,
V das Volumen.

$$\rho = \frac{m}{V}$$

Druck p in einem Gas oder einer Flüssigkeit

F ist die Kraft, die senkrecht auf jedes Flächenstück A der Gefäßwand wirkt.

$$p = \frac{F}{A}$$

Hydrostatischer Druck p in einer Flüssigkeit

ρ ist die Dichte der Flüssigkeit (► T 5.2),
g die Fallbeschleunigung,
h die Höhe der Flüssigkeitssäule über dem Messpunkt.

$$p = \rho\, g\, h$$

Auftriebskraft F_a auf einen Körper in einem Medium

ρ ist die Dichte des Mediums (► T 5),
g die Fallbeschleunigung,
V das Volumen des verdrängten Mediums.

$$F_a = \rho\, g\, V$$

Reibungskräfte F_r auf bewegte Körper

Einfaches Gleitreibungsmodell

μ ist die Gleitreibungszahl (► T 8.1),
F_N die Normalkraft, die auf den Körper wirkt.

$$F_r = \mu\, F_N$$

Reibungskraft nach Stokes – laminare Strömung

r ist der Radius der Kugel, v ihre Geschwindigkeit,
η ist die Viskosität des Mediums, von dem die Kugel laminar umströmt wird (► T 6).

$$F_r = 6\, \pi\, \eta\, r\, v$$

Reibungskraft nach Newton – turbulente Strömung

c_w ist der Widerstandsbeiwert (► T 8.4),
A die Querschnittsfläche,
v die Geschwindigkeit des Körpers,
ρ ist die Dichte des Mediums (► T 5),
von dem der Körper turbulent umströmt wird.

$$F_r = \frac{1}{2} c_w A \rho v^2$$

Energie

Satz von der Erhaltung der mechanischen Energie:

In einem abgeschlossenen mechanischen System bleibt die Gesamtenergie konstant. Die Gesamtenergie E_{ges} setzt sich zusammen aus der kinetischen Energie E_{kin} und der potentiellen Energie E_{pot}.

$$E_{ges} = E_{kin} + E_{pot} = \text{konst.}$$

Verallgemeinerung auf alle physikalischen Systeme:

In einem abgeschlossenen System bleibt die Gesamtenergie konstant.

Kinetische Energie E_{kin}

m ist die Masse eines Körpers, v seine Geschwindigkeit.

$$E_{kin} = \frac{m v^2}{2}$$

Höhenenergie E_h (Lageenergie)

m ist die Masse eines Körpers,
h seine Höhe über dem Bezugspunkt,
g die Fallbeschleunigung.

$$E_h = m g h$$

Spannenergie E_{sp} einer Hooke-Feder

D ist die Federhärte, x die Dehnung der Feder.

$$E_{sp} = \frac{D x^2}{2}$$

Mechanische Arbeit

Mechanische Arbeit W
ist die einem mechanischen System zugeführte bzw. entzogene mechanische Energie.

F ist die konstante Kraft, die entlang des Weges x aufgewandt wird.

$$W = F\,x$$

Goldene Regel der Mechanik

Bei einem idealen Kraftwandler ändert sich das Produkt aus Kraft und Weg nicht.

Beispiele idealer Kraftwandler

Schiefe Ebene

F_H ist die Hangabtriebskraft, x die Wegstrecke entlang der schiefen Ebene, F_g die Gewichtskraft des Körpers und h der erzielte Höhenunterschied.

$$F_H\,x = F_g\,h$$

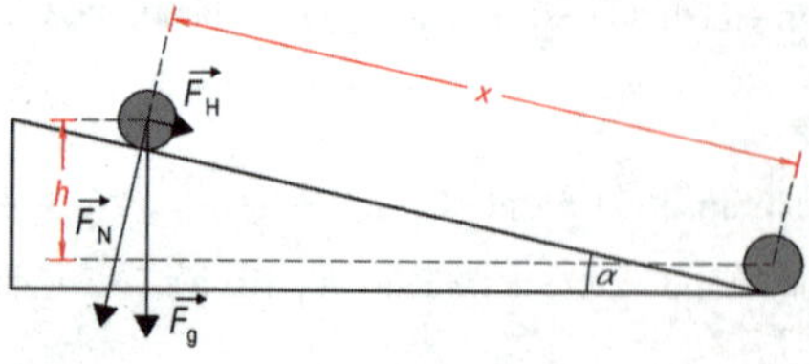

Zusammenhang zwischen Hangabtriebskraft F_H, Normalkraft F_N und Gewichtskraft F_g:

$$F_H = F_g \sin\alpha$$
$$F_N = F_g \cos\alpha$$

α ist der Neigungswinkel der schiefen Ebene.

Hebel

F ist die Kraft, die am Hebel entlang des Weges x ansetzt, F_g die Gewichtskraft des Körpers und h der erzielte Höhenunterschied.

$$F\,x = F_g\,h$$

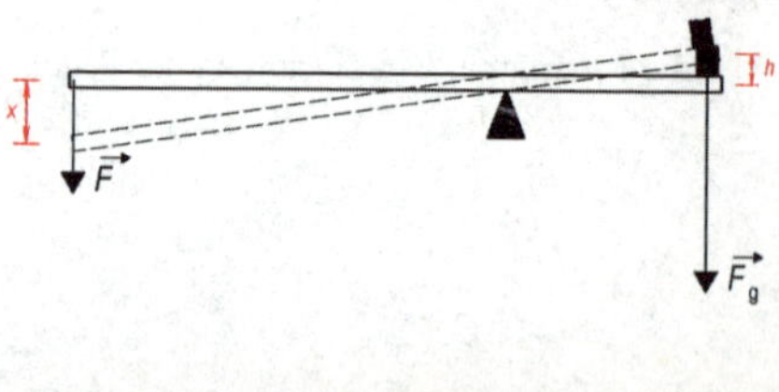

Flaschenzug

$$F\,x = F_g\,h$$

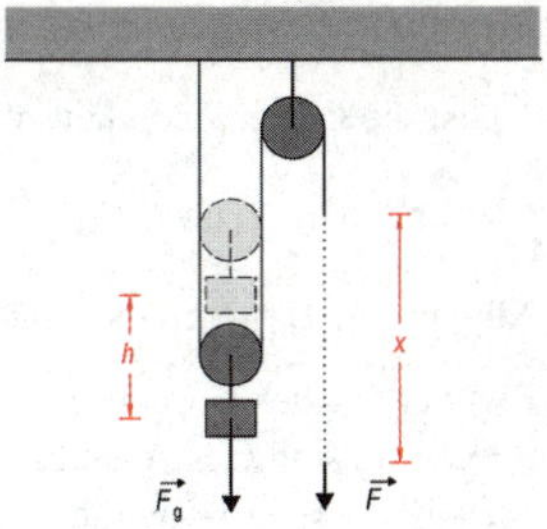

F ist die Kraft, die am Flaschenzug entlang des Weges x ansetzt,
F_g die Gewichtskraft des Körpers
und h der erzielte Höhenunterschied.

Leistung

Leistung P

W ist die während der Zeit t verrichtete Arbeit.

$$P = \frac{W}{t}$$

Wirkungsgrad η einer Maschine

P_{nutz} ist die genutzte und P_{auf} die aufgewandte Leistung.

$$\eta = \frac{P_{nutz}}{P_{auf}}$$

Impuls

Impuls $\vec{p}$ eines Körpers

m ist die Masse eines Körpers, $\vec{v}$ seine Geschwindigkeit.

$$\vec{p} = m\,\vec{v}$$

Impulserhaltung

Ohne äußere Kräfte bleibt der Gesamtimpuls eines Systems erhalten.

Kinematik

Konstante Geschwindigkeit v

Δx ist der in der Zeitspanne Δt zurückgelegte Weg.

$$v = \frac{\Delta x}{\Delta t}$$

Konstante Beschleunigung *a*

Δv ist die Geschwindigkeitsänderung während der Zeitspanne Δt.

$$a = \frac{\Delta v}{\Delta t}$$

Allgemeine Bewegungsgleichungen in kartesischen Koordinaten

x ist der Ort des Körpers zum Zeitpunkt t,
v_x bzw. a_x sind Geschwindigkeit bzw. Beschleunigung eines Körpers in x-Richtung.
Analoge Gleichungen gelten für die y- und die z-Komponente.

$$v_x = \dot{x}$$
$$a_x = \dot{v}_x = \ddot{x}$$

Spezialfälle eindimensionaler Bewegungen

Bewegung bei konstanter Beschleunigung *a*

x bzw. v sind Ort bzw. Geschwindigkeit eines Körpers zum Zeitpunkt t.
x_0 bzw. v_0 sind Ort bzw. Geschwindigkeit bei $t = 0$.

$$x = \frac{a}{2} t^2 + v_0 t + x_0$$
$$v = a t + v_0$$

Harmonische Schwingung

x bzw. v bzw. a sind Ort bzw. Geschwindigkeit bzw. Beschleunigung eines Körpers zum Zeitpunkt t, falls die Amplitude bei $t = 0$ maximal ist.
x_0 ist die Amplitude, ω die Kreisfrequenz.
$v_0 = x_0\,\omega$ und $a_0 = x_0\,\omega^2$ sind die Scheitelwerte für die Geschwindigkeit und die Beschleunigung.

$$x = x_0 \cos(\omega t)$$
$$v = -v_0 \sin(\omega t)$$
$$a = -a_0 \cos(\omega t)$$

Frequenz *f* eines Federpendels

D ist die Federhärte,
m die Masse des schwingenden Körpers.

$$f = \frac{1}{2\pi}\sqrt{\frac{D}{m}}$$

Frequenz *f* eines Fadenpendels (für kleine Auslenkungen)

g ist die Fallbeschleunigung,
l die Länge des Fadens.

$$f = \frac{1}{2\pi}\sqrt{\frac{g}{l}}$$

Bewegungen in zwei oder drei Dimensionen

Superpositionsprinzip

Wirkt auf einen Körper der Masse m die Kraft $\vec{F}$, können Ort und Geschwindigkeit über die Beschleunigung $\vec{a}$ aus dem 2. NEWTON-Gesetz komponentenweise bestimmt werden.

In kartesischen Koordinaten gilt:

$$F_x = m\,a_x$$
$$F_y = m\,a_y$$
$$F_z = m\,a_z$$

Die Ortskoordinaten und die Geschwindigkeitskomponenten ergeben sich aus den eindimensionalen Bewegungsgleichungen.

Kreisbewegung

Konstante Winkelgeschwindigkeit ω

$\Delta\varphi$ ist der im Zeitintervall Δt überstrichene Winkel, T ist die Umlaufdauer.

$$\omega = \frac{\Delta\varphi}{\Delta t} = \frac{2\pi}{T}$$

Bahngeschwindigkeit v

ω ist die Winkelgeschwindigkeit, r der Kreisradius.

$$v = r\,\omega$$

Zentripetalkraft F_z

m ist die Masse eines Körpers,
v seine Bahngeschwindigkeit,
r der Kreisradius,
ω die Winkelgeschwindigkeit.

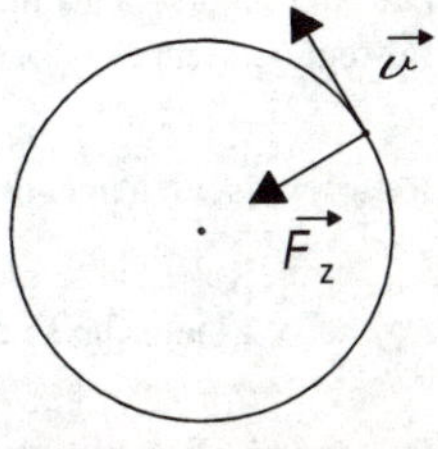

$$F_z = \frac{m\,v^2}{r} = m\,\omega^2\,r$$

Spezielle Relativitätstheorie

c bezeichnet im Weiteren die Vakuumlichtgeschwindigkeit.

LORENTZ-Faktor γ

v ist die konstante Geschwindigkeit eines Systems S' gegenüber dem Laborsystem S.

$$\gamma = \frac{1}{\sqrt{1 - \frac{v^2}{c^2}}}$$

Relativistische Massenzunahme

m ist die Masse des Körpers, m_0 seine Ruhemasse.

$$m = \gamma\, m_0$$

Zeitdilatation

$\Delta t'$ ist die in einem relativ zum Laborsystem S mit konstanter Geschwindigkeit v bewegten System S' gemessene Länge eines Zeitintervalls,
Δt die entsprechende Länge des Zeitintervalls im System S.

$$\Delta t = \gamma\, \Delta t'$$

Längenkontraktion

l ist die gemessene Länge eines Stabes, der sich mit konstanter Geschwindigkeit v relativ zum Beobachter bewegt,
l_0 die entsprechende Länge im Ruhesystem des Stabes.
Die Richtung seiner Längsachse stimmt mit seiner Bewegungsrichtung überein.

$$l = \frac{l_0}{\gamma}$$

Relativistische Energie E

m_0 ist die Ruhemasse eines Körpers,
E_{kin} seine kinetische Energie.

$$E = \gamma\, m_0\, c^2 = m_0\, c^2 + E_{kin}$$

Relativistischer Impuls p

m_0 ist die Ruhemasse eines Körpers,
v seine Geschwindigkeit.

$$p = m\, v = \gamma\, m_0\, v$$

Relativistische Energie-Impuls-Beziehung

E ist die relativistische Energie eines Körpers,
p sein Impuls, $E_0 = m_0\, c^2$ seine Ruheenergie.

$$E^2 = c^2\, p^2 + E_0^2$$

GRAVITATION UND ASTROPHYSIK

G bezeichnet im Weiteren die Gravitationskonstante.

KEPLER-Gesetze

Die KEPLER-Gesetze sowie die Formel für die Bahngeschwindigkeit gelten für jeden Himmelskörper im Gravitationsfeld eines Zentralkörpers, dessen Masse viel größer ist als die Masse des Himmelskörpers.

1. KEPLER-Gesetz

Die Bahnen von Planeten sind Ellipsen, in deren einem Brennpunkt die Sonne steht.

2. KEPLER-Gesetz

Die von der Sonne zum Planeten gezogene Strecke überstreicht in gleichen Zeitintervallen gleiche Flächeninhalte.

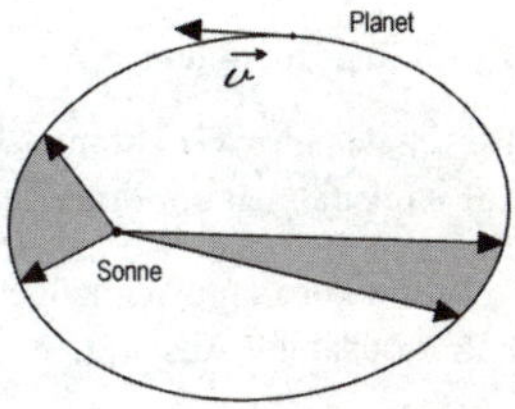

3. KEPLER-Gesetz

Die Quadrate der Umlaufzeiten T_A und T_B zweier Planeten A und B verhalten sich wie die dritten Potenzen ihrer großen Halbachsen a_A und a_B.

$$\frac{T_A^2}{T_B^2} = \frac{a_A^3}{a_B^3}$$

Bahngeschwindigkeit v auf einer KEPLER-Ellipse

M ist die Masse des Zentralkörpers,
r der momentane Abstand vom Zentralkörper und
a die große Halbachse der Bahnellipse.

$$v = \sqrt{G\,M\left(\frac{2}{r} - \frac{1}{a}\right)}$$

Ellipsengleichungen

a bzw. b bezeichnen die große bzw. die kleine Halbachse einer Ellipse.
e ist ihre lineare Exzentrizität,
ε ihre numerische Exzentrizität.
F_1 und F_2 sind die Brennpunkte der Ellipse.

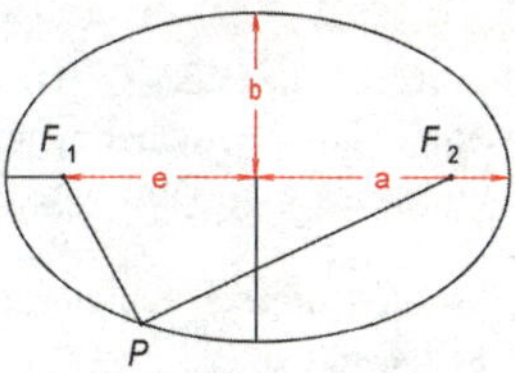

Es gelten folgende Beziehungen:

$$e^2 = a^2 - b^2$$

$$\varepsilon = \frac{e}{a}$$

Für jeden Punkt P auf der Ellipse gilt:

$$\overline{F_1P} + \overline{PF_2} = 2\,a$$

Gravitation

NEWTON-Gravitationsgesetz

F_G ist die Gravitationskraft, mit der sich die zwei Massen m_1 bzw. m_2 im Abstand r gegenseitig anziehen.

$$F_G = G\,\frac{m_1 m_2}{r^2}$$

Zweikörperproblem

Bewegen sich zwei Himmelskörper der Massen m_1 und m_2 auf Kreisbahnen um ihren gemeinsamen Schwerpunkt, so gilt:

$$\omega^2 = G\,\frac{m_1 + m_2}{r^3}$$

ω ist die konstante Winkelgeschwindigkeit der Himmelskörper, r ihr konstanter Abstand.

Dabei gilt:

$$r_2 : r_1 = m_1 : m_2$$

mit $r_1 + r_2 = r$, wobei r_1 und r_2 die jeweiligen Abstände vom gemeinsamen Schwerpunkt sind.

Ist die Masse M des Zentralkörpers erheblich größer als die des Himmelskörpers, so gilt in guter Näherung:

$$\omega^2 = G\,\frac{M}{r^3}$$

Kosmische Fluchtgeschwindigkeiten

Ein Körper kann einen Planeten auf einer oberflächennahen Kreisbahn umkreisen, wenn er eine Geschwindigkeit besitzt, die mindestens so groß ist wie die **erste Fluchtgeschwindigkeit** v_1.

$$v_1 = \sqrt{gr}$$

Ein Körper kann das Gravitationsfeld eines Planeten verlassen, wenn er an seiner Oberfläche eine Geschwindigkeit besitzt, die mindestens so groß ist wie die **zweite Fluchtgeschwindigkeit** v_2.

$$v_2 = \sqrt{2gr}$$

g ist die Fallbeschleunigung auf der Oberfläche des Planeten, r sein Radius.

Strahlungsgesetze

Konstante Strahlungsleistung Φ

ΔQ ist die im Zeitintervall Δt ausgesandte Strahlungsenergie.

$$\Phi = \frac{\Delta Q}{\Delta t}$$

Bestrahlungsstärke E

Φ ist die Strahlungsleistung eines Körpers, r der Abstand vom Körper.

$$E = \frac{\Phi}{4\pi r^2}$$

Die Strahlungsleistung eines Sterns nennt man Leuchtkraft L. r ist der Abstand zwischen Stern und Beobachter.

$$E = \frac{L}{4\pi r^2}$$

Solarkonstante

Die Bestrahlungsstärke der Sonne im Abstand 1 AE bezeichnet man als Solarkonstante S (► T 9.2).

Masse-Leuchtkraft-Beziehung (Näherung)

L ist die Leuchtkraft eines Hauptreihensterns, M seine Masse.

$$L \sim M^3$$

STEFAN-BOLTZMANN-Gesetz

Φ ist die von einem schwarzen Strahler der Fläche A und der Temperatur T ausgesandte Strahlungsleistung, σ die STEFAN-BOLTZMANN-Konstante.

$$\Phi = \sigma A T^4$$

WIEN-Verschiebungsgesetz

Ein schwarzer Strahler der Temperatur T strahlt ein kontinuierliches elektromagnetisches Spektrum aus. Dieses Spektrum hat bei λ_m sein einziges Maximum. b ist die WIEN-Verschiebungskonstante.

$$\lambda_m T = b$$

Entfernung und Helligkeit

Trigonometrische Parallaxe p in Bogensekunden

r ist die Entfernung des Sterns von der Sonne in pc.

$$\frac{r}{1\,\text{pc}} = \frac{1''}{p}$$

Umlaufzeiten

T_{sid} ist die siderische Umlaufzeit eines Planeten,
T_{syn} seine synodische Umlaufzeit,
$T_{Erde} = 365{,}24$ d die Umlaufzeit der Erde um die Sonne
Für die inneren Planeten gilt das Pluszeichen,
für die äußeren das Minuszeichen.

$$\frac{1}{T_{sid}} = \frac{1}{T_{Erde}} \pm \frac{1}{T_{syn}}$$

Beziehung zwischen den scheinbaren Helligkeiten m_1 und m_2 zweier Sterne

E_1 bzw. E_2 sind die Bestrahlungsstärken der beiden Sterne.

$$m_1 - m_2 = -2{,}5 \lg\left(\frac{E_1}{E_2}\right)$$

Beziehung zwischen den absoluten Helligkeiten M_1 und M_2 zweier Sterne

L_1 bzw. L_2 sind die Leuchtkräfte der beiden Sterne.

$$M_1 - M_2 = -2{,}5 \lg\left(\frac{L_1}{L_2}\right)$$

Entfernungsmodul $m - M$ eines Sterns

r ist der Abstand zwischen Stern und Beobachter in pc.

$$m - M = 5 \lg\left(\frac{r}{10\,\text{pc}}\right)$$

Perioden-Helligkeits-Beziehung bei Cepheiden

M ist die mittlere absolute Helligkeit,
p ist die Periodendauer des δ-Cephei-Sterns in Tagen.

$$M = -1{,}67 - 2{,}54 \lg\left(\frac{p}{1\,\text{d}}\right)$$

HUBBLE-Beziehung

v ist die Geschwindigkeit, mit der sich eine weit entfernte Galaxie entfernt, r ihre Entfernung, H_0 die HUBBLE-Konstante.

$$v = H_0 r$$

ELEKTRIZITÄTSLEHRE

Konstante elektrische Stromstärke *I*

ΔQ ist die im Zeitintervall Δt durch den Leiterquerschnitt fließende Ladung.

$$I = \frac{\Delta Q}{\Delta t}$$

Falls die Stromstärke nicht konstant ist, gilt allgemein:

$$I = \dot{Q}$$

Elektrischer Widerstand *R*

U ist die am Widerstand abfallende Spannung, I die durch ihn fließende Stromstärke.

$$R = \frac{U}{I}$$

OHM-Gesetz

Für einen OHM-Widerstand ist der Quotient aus abfallender Spannung und durch ihn fließende Stromstärke konstant.

$$R = \frac{U}{I} = \text{konst.}$$

Spezifischer Widerstand *ρ* eines elektrischen Leiters (► T 10)

R ist der Widerstand, l die Länge des Leiters, A seine Querschnittsfläche.

$$R = \rho \frac{l}{A}$$

Reihenschaltung von Widerständen

Ersatzwiderstand

R_{ges} ist der Gesamtwiderstand, $R_1, \ldots, R_n$ sind die Einzelwiderstände.

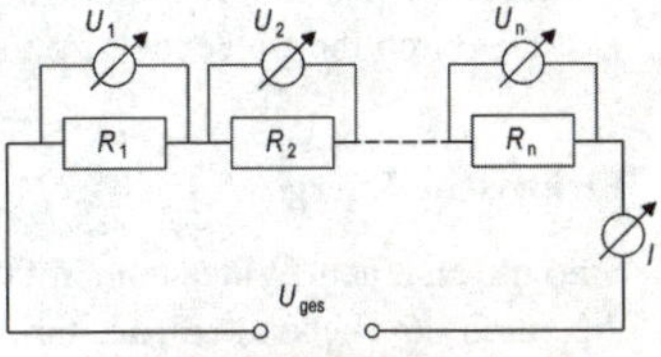

$$R_{ges} = R_1 + R_2 + \ldots + R_n$$

U_{ges} ist die insgesamt anliegende Spannung. $U_1, U_2, \ldots U_n$ sind die jeweils an den Widerständen $R_1, R_2, \ldots R_n$ abfallenden Einzelspannungen.

$$U_{ges} = U_1 + U_2 + \ldots + U_n$$

Parallelschaltung von Widerständen

Ersatzwiderstand

R_{ges} ist der Gesamtwiderstand,
$R_1, \ldots, R_n$ sind die Einzelwiderstände.

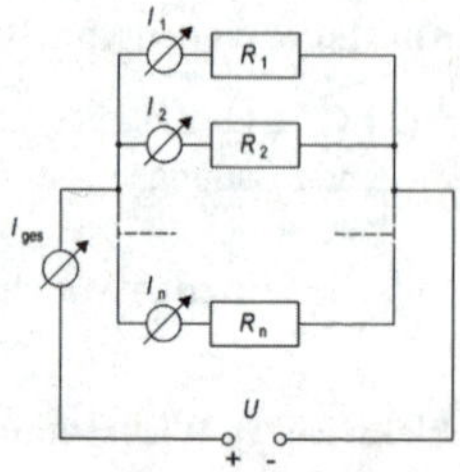

$$\frac{1}{R_{ges}} = \frac{1}{R_1} + \frac{1}{R_2} + \ldots + \frac{1}{R_n}$$

Spezialfall für zwei Widerstände:

$$R_{ges} = \frac{R_1 R_2}{R_1 + R_2}$$

Einzelstromstärken

I_{ges} ist die Gesamtstromstärke, I_1, I_2, … I_n sind die durch die Einzelwiderstände fließenden Stromstärken.

$$I_{ges} = I_1 + I_2 + \ldots + I_n$$

Elektrische Energie und Leistung

Von einem Widerstand aufgenommene Leistung *P*

U ist die am Widerstand abfallende Spannung,
I ist die durch ihn fließende Stromstärke.

$$P = U I$$

Elektrische Energie E_{el}

Sind die an einem Widerstand abfallende Spannung *U* und die durch ihn fließende Stromstärke *I* zeitlich konstant, wird während der Zeit *t* die elektrische Energie E_{el} umgesetzt.

$$E_{el} = U I t$$

Sind Spannung und/oder Stromstärke nicht konstant, gilt allgemein:

$$E_{el} = \int_{t_1}^{t_2} U(t)\, I(t)\, \mathrm{d}t$$

Elektrisches Feld und Potential

Elektrische Feldstärke $\vec{E}$

Auf eine punktförmige Ladung Q wirkt in einem elektrischen Feld der Stärke $\vec{E}$ die Kraft $\vec{F}_{el}$. Die Richtung des elektrischen Feldes stimmt mit der Kraftrichtung auf eine positive Ladung überein.

$$\vec{F}_{el} = \vec{E}\,Q$$

Elektrische Feldstärke E im Plattenkondensator

U ist die anliegende Spannung, d der Plattenabstand.
Die Feldlinien sind von der positiven zur negativen Platte gerichtet.

$$E = \frac{U}{d}$$

Elektrische Feldstärke E einer punktförmigen Ladung Q im Vakuum

r ist der Abstand von der Ladung,
ε_0 die elektrische Feldkonstante.
Bei positiver Ladung Q sind die Feldlinien radial nach außen gerichtet.

$$E = \frac{1}{4\pi\,\varepsilon_0}\,\frac{Q}{r^2}$$

Energiedichte e_{el} des elektrischen Feldes im Vakuum

E ist die elektrische Feldstärke, ε_0 die elektrische Feldkonstante.

$$e_{el} = \frac{\varepsilon_0\,E^2}{2}$$

Potential und Potentialdifferenz

Wird an einer Ladung Q in einem elektrischen Feld auf dem Weg von einem Punkt P_1 zu einem Punkt P_2 die Arbeit W_{12} verrichtet, so durchläuft sie die Potentialdifferenz $\varphi_2 - \varphi_1$.

$$\varphi_2 - \varphi_1 = \frac{W_{12}}{Q}$$

Spannung U als Potentialdifferenz

Liegen zwei Punkte P_1 und P_2 auf den Potentialen φ_1 bzw. φ_2 so herrscht zwischen ihnen die Spannung U.

$$U = \varphi_2 - \varphi_1$$

Energie E einer freien Ladung

E ist die Energie der Ladung Q, $\varphi_2 - \varphi_1 = U$ die Potentialdifferenz bzw. die Spannung.

$$E = (\varphi_2 - \varphi_1)\,Q = U\,Q$$

Potential φ im Plattenkondensator

U ist die am Kondensator anliegende Spannung, d der Plattenabstand, x der Abstand von der negativ geladenen Platte, deren Potential auf 0 liegt.

$$\varphi = \frac{U}{d}\,x$$

Potential φ einer punktförmigen Ladung im Vakuum

Q ist die Ladung, r der Abstand von der Ladung.

$$\varphi = \frac{1}{4\pi\varepsilon_0}\frac{Q}{r}$$

Kapazität C eines Kondensators

Q ist die Ladung des Kondensators, U die anliegende Spannung.

$$C = \frac{Q}{U}$$

Kapazität eines Plattenkondensators

A ist die Fläche des Kondensators,
d der Plattenabstand,
ε_0 die elektrische Feldkonstante,
ε_r die Permittivität des Dielektrikums (► T 10.2) des Kondensators. Im Vakuum ist $\varepsilon_r = 1$.

$$C = \varepsilon_0\,\varepsilon_r\,\frac{A}{d}$$

Energieinhalt eines Plattenkondensators E_{ei}

C ist die Kapazität des Kondensators,
U die anliegende Spannung,
Q die Ladung des Kondensators.

$$E_{el} = \frac{C\,U^2}{2} = \frac{Q^2}{2\,C}$$

Magnetisches Feld

Magnetische Flussdichte B

Auf ein vom Strom I durchflossenes Leiterstück der Länge l in einem Magnetfeld der Flussdichte B wirkt die Kraft F_{mag}, wenn Stromrichtung und Magnetfeldrichtung senkrecht aufeinander stehen. Die Kraftrichtung ergibt sich durch die Dreifingerregel der rechten Hand.

$$F_{mag} = I\, l\, B$$

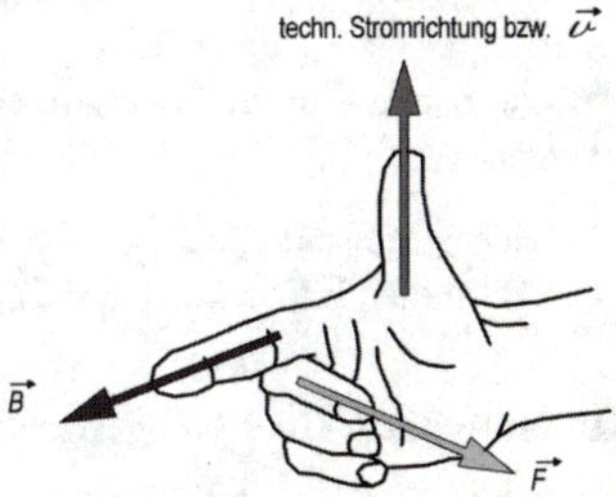

Dreifingerregel der rechten Hand

LORENTZ-Kraft

Auf eine positive Ladung Q, die sich mit der Geschwindigkeit v senkrecht zu den Feldlinien eines Magnetfelds der Fussdichte B bewegt, wirkt die LORENTZ-Kraft F_L. Die Kraftrichtung ergibt sich durch die Dreifingerregel der rechten Hand.
Die Kraftrichtung auf eine negative Ladung ergibt sich durch die entsprechende Regel der linken Hand.

$$F_L = Q\, v\, B$$

HALL-Effekt

Wird ein stromdurchflossenes Plättchen senkrecht zur Stromrichtung von den Feldlinien eines Magnetfelds durchsetzt, so stellt sich zwischen den Punkten 1 und 2 die Hallspannung U_H ein.
n ist die Ladungsträgerdichte im Plättchen,
e die Elementarladung,
I die Stromstärke,
B die magnetische Flussdichte,
d die Dicke des Plättchens.

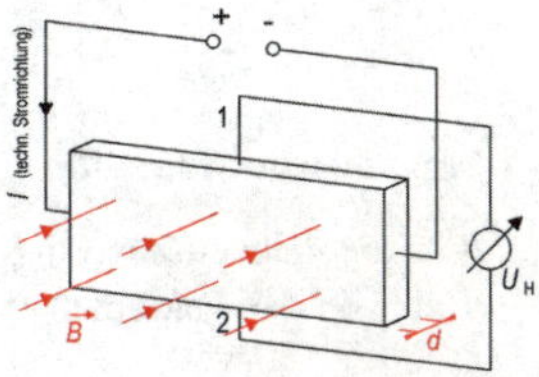

$$U_H = \frac{1}{ne}\frac{I\,B}{d}$$

Magnetische Energiedichte e_{mag}

B ist die magnetische Flussdichte,
μ_0 die magnetische Feldkonstante.

$$e_{mag} = \frac{B^2}{2\,\mu_0}$$

Magnetische Flussdichte B innerhalb einer langgestreckten Zylinderspule

I ist die Stromstärke,
N die Windungszahl,
l die Länge der Spule,
μ_r die Permeabilitätszahl des Mediums (► T 11).
Im Vakuum ist $\mu_r = 1$.
Die Feldlinien verlaufen parallel zur Spulenachse.

$$B = \mu_0 \, \mu_r \frac{N I}{l}$$

Magnetische Flussdichte B um einen geraden, stromdurchflossenen Leiter im Vakuum

I ist die Stromstärke, r der Abstand vom Leiter.
Die Feldlinien bilden konzentrische Kreise um den Leiter.

$$B = \mu_0 \frac{I}{2 \pi r}$$

Induktivität L einer langgestreckten Zylinderspule im Vakuum

μ_0 ist die magnetische Feldkonstante,
A die Querschnittsfläche der Spule,
N ihre Windungszahl, l ihre Länge.

$$L = \mu_0 \frac{A N^2}{l}$$

Energiegehalt E_{mag} des magnetischen Feldes einer Spule

L ist die Induktivität der Spule,
I die durch sie fließende Stromstärke.

$$E_{mag} = \frac{L I^2}{2}$$

Induktion

Magnetischer Fluss Φ

B ist die magnetische Flussdichte,
A die von den Feldlinien senkrecht durchsetzte Fläche.

$$\Phi = B A$$

Induktionsgesetz

U_i ist die in einer Leiterschleife mit N Windungen induzierte Spannung, Φ der magnetische Fluss durch die Leiterschleife.

$$U_i = -N \dot{\Phi}$$

Selbstinduktion

U_i ist die induzierte Spannung, L die Induktivität der Spule,
I die Stromstärke.

$$U_i = -L \dot{I}$$

Transformator

U_p ist die primärseitige, U_s die sekundärseitige Spannung, N_p die primärseitige, N_s die sekundärseitige Windungszahl eines unbelasteten Transformators.

$$\frac{U_p}{U_s} = \frac{N_p}{N_s}$$

P_p ist die primärseitige, P_s die sekundärseitige elektrische Leistung eines belasteten Transformators. Beim idealen Transformator ist $\eta = 1$.

$$P_s = \eta P_p$$

Schaltvorgänge einer realen Spule

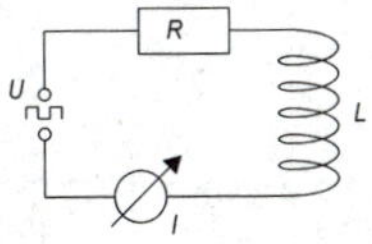

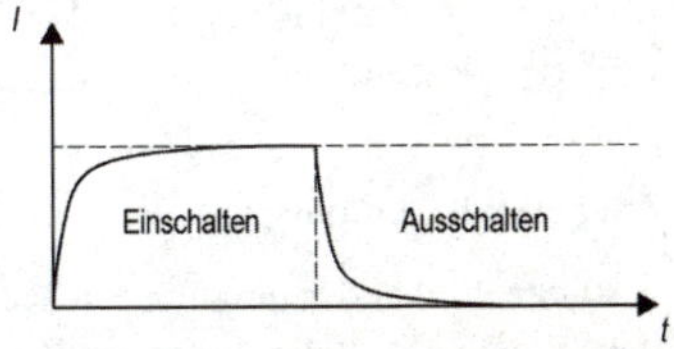

I ist die Stromstärke,
U ist die Spannung,
L die Induktivität der Spule und
R ihr Widerstand.
Es gilt $\tau = L/R$.

Einschalten
$$I = \frac{U}{R}\left(1 - e^{-\frac{t}{\tau}}\right)$$

Ausschalten
$$I = \frac{U}{R} e^{-\frac{t}{\tau}}$$

Elektromagnetische Schwingungen

Ungedämpfter Schwingkreis

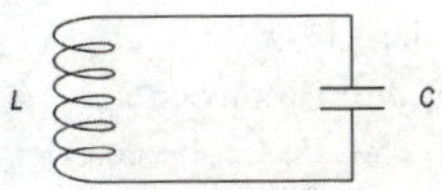

U bzw. I sind Spannung bzw. Stromstärke zum Zeitpunkt t, falls die Stromstärke bei $t = 0$ maximal ist.
U_0 bzw. I_0 sind ihre Scheitelwerte,
ω ist die Kreisfrequenz.

$$U = U_0 \sin \omega t$$
$$I = I_0 \cos \omega t$$

Thomson-Gleichung

f ist die Frequenz des ungedämpften Schwingkreises, L die Induktivität und C die Kapazität.

$$f = \frac{1}{2\pi\sqrt{LC}}$$

OPTIK, SCHWINGUNGEN UND WELLEN, AKUSTIK

Geometrische Optik

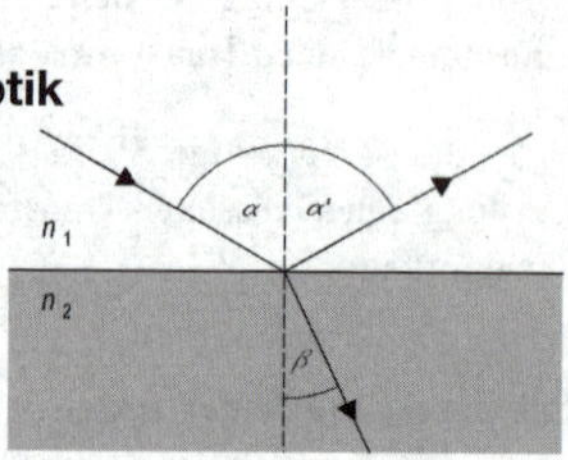

Reflexionsgesetz

α ist der Einfallswinkel,
α' der Reflexionswinkel.

$$\alpha = \alpha'$$

Snellius-Brechungsgesetz

α ist der Winkel des einfallenden Lichtstrahls gegenüber dem Einfallslot, β der des transmittierten Lichtstrahls, n_1 und n_2 sind die Brechzahlen der optischen Medien.

$$n_1 \sin \alpha = n_2 \sin \beta$$

Bei der Reflexion wie bei der Transmission liegen einfallender Lichtstrahl, Einfallslot, reflektierter Strahl und transmittierter Strahl in einer Ebene.

Lichtgeschwindigkeit c' in einem Medium

c ist die Vakuumlichtgeschwindigkeit,
n die Brechzahl des Mediums.

$$c' = \frac{c}{n}$$

Abbildungsgleichungen für dünne Linsen

F_1 und F_2 sind die Brennpunkte der Linse,
f ihre Brennweite.
G ist die Größe des Gegenstands,
g die Gegenstandsweite.
B ist die Größe des Bildes,
b die Bildweite.

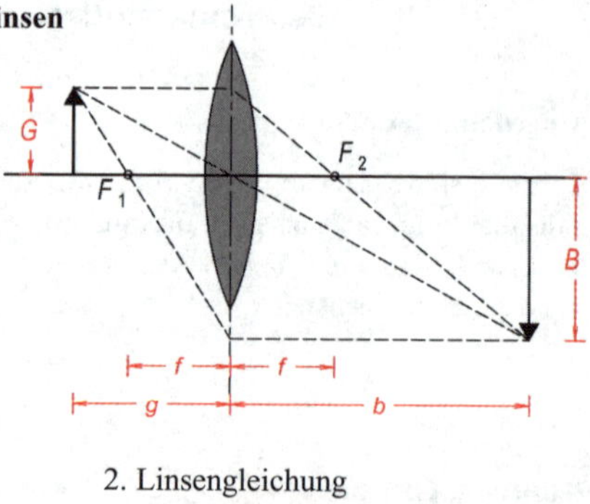

1. Linsengleichung

$$\frac{G}{B} = \frac{g}{b}$$

2. Linsengleichung

$$\frac{1}{f} = \frac{1}{g} + \frac{1}{b}$$

Schwingungen

Frequenz f einer Schwingung

T ist die Schwingungsdauer.

$$f = \frac{1}{T}$$

Kreisfrequenz ω einer Schwingung

f ist die Frequenz der Schwingung.

$$\omega = 2\,\pi f$$

Wellenlehre

Ausbreitungsgeschwindigkeit c einer harmonischen Welle

f ist die Frequenz einer Welle, λ ihre Wellenlänge.

$$c = \lambda f$$

HUYGENS-Elementarwellenprinzip

Jeder Punkt einer Wellenfront kann als Quelle einer Elementarwelle betrachtet werden.

Interferenz von Wellen

Bedingung für maximale Verstärkung bei zwei gleichphasigen Sendern mit Abstand d:

$$\Delta s = d \sin\alpha = k\,\lambda,\ k \in \mathbb{N}_0$$

Die Beziehung gilt auch bei mehreren Sendern, die auf einer Geraden liegen und den Abstand d zueinander haben.

Bedingung für maximale Auslöschung bei zwei gleichphasigen Sendern mit Abstand d:

$$\Delta s = d \sin\alpha = (2\,k - 1)\,\frac{\lambda}{2},\ k \in \mathbb{N}$$

Δs ist der Gangunterschied vom Empfänger zu den Sendern,
λ die Wellenlänge,
k gibt die Ordnung des Maximums/Minimums an
($0 \le \alpha \le 90°$).

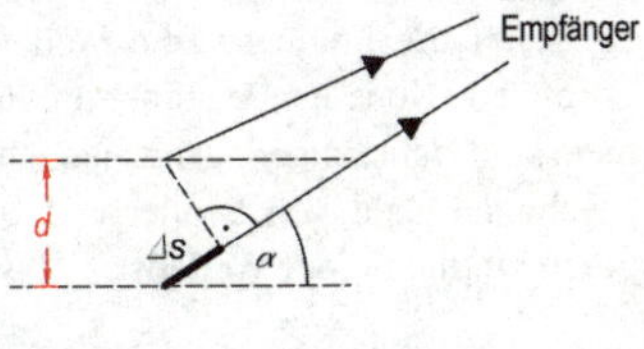

Einfachspalt

Lage der Minima beim Einfachspalt der Breite d:

$$d \sin\alpha = k\,\lambda,\ k \in \mathbb{N}$$

λ ist die Wellenlänge,
k gibt die Ordnung des Minimums an
($0 \leq \alpha \leq 90°$).

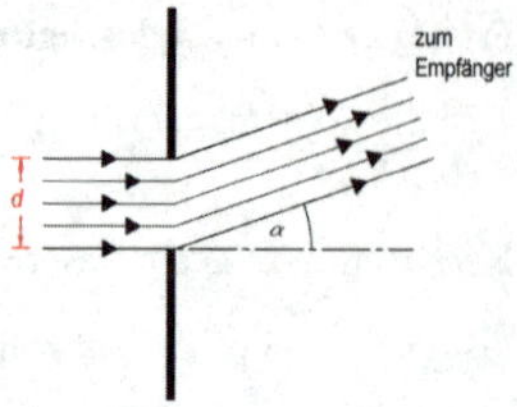

BRAGG-Beziehung

Bedingung für die Entstehung eines BRAGG-Reflexes unter einem Winkel von $2\,\alpha$ gegenüber dem einfallenden Strahl:

$$\Delta s = 2\,d \sin\alpha = k\,\lambda,\ k \in \mathbb{N}$$

Δs setzt sich aus zwei gleichlangen Teilstücken zusammen und ist der Gangunterschied zweier Strahlen, die auf benachbarte Netzebenen treffen (fett). λ ist die Wellenlänge, d der Netzebenenabstand; k gibt die Ordnung des Maximums an ($0 \leq \alpha \leq 90°$).

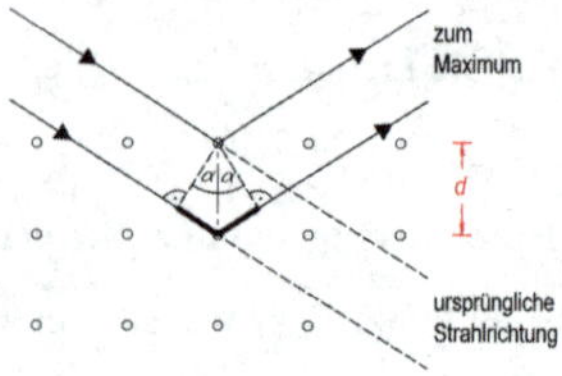

Stehende Wellen

Eine stehende Welle entsteht durch Überlagerung zweier gleichfrequenter, gegenläufiger Wellen gleicher Amplitude. Sie bildet Bäuche und Knoten aus, der Abstand zwischen zwei Knoten ist halb so groß wie die Wellenlänge.

DOPPLER-Effekt

$$\Delta f = f\,\frac{v}{c} \qquad \Delta\lambda = \lambda\,\frac{v}{c}$$

Δf ist die Frequenzänderung, $\Delta\lambda$ die Wellenlängenänderung bei einer Relativbewegung von Sender und Empfänger mit der Geschwindigkeit v. c ist die jeweilige Wellenausbreitungsgeschwindigkeit. Bewegen sich Sender und Empfänger aufeinander zu, steigt die Frequenz, die Wellenlänge wird kleiner. Entfernen sich Sender und Empfänger voneinander, sinkt die Frequenz, die Wellenlänge wird größer. Beide Formeln sind Näherungen, gelten jedoch mit ausreichender Genauigkeit, wenn die Relativgeschwindigkeit von Sender und Empfänger klein im Vergleich zur Ausbreitungsgeschwindigkeit der Welle ist.

Akustik

Im Folgenden ist p_n der als konstant betrachtete Normaldruck in einem akustischen Medium.

Schallgeschwindigkeit c (► T 7)

ρ ist die Dichte des akustischen Mediums (► T 5), κ seine Kompressibilität. In Luft ist $\kappa = \frac{5}{7}\frac{1}{p_n}$.

$$c = \frac{1}{\sqrt{\kappa\rho}}$$

Schalldruck p

p_{ges} ist der Druck an einem festen Ort, der von einer Schallwelle der Kreisfrequenz ω durchsetzt wird. Der Schalldruck p ist definiert als Amplitude der Druckschwankungen.

$$p_{ges} = p_n + p \sin \omega t$$

Impedanz Z eines verlustfreien akustischen Mediums

ρ ist die Dichte des Mediums (► T 5),
c die Schallgeschwindigkeit in dem Medium (► T 7),
p der Schalldruck der Schallwelle,
v die Amplitude der Teilchengeschwindigkeit.

$$Z = \rho c = \frac{p}{v}$$

Intensität I einer Schallwelle in einem verlustfreien akustischen Medium

ρ ist die Dichte (► T 5), c die Schallgeschwindigkeit (► T 7), p der Schalldruck.

$$I = \frac{p^2}{2\rho c}$$

Schalldruckpegel L_p (Angabe in dB)

p ist der Schalldruck, p_0 der bei 20 µPa festgelegte Schalldruck der Hörschwelle des Menschen bei 1 kHz.

$$L_p = 20 \lg\left(\frac{p}{p_0}\right)$$

WÄRMELEHRE

k bezeichnet im Weiteren die BOLTZMANN-Konstante.

KELVIN- und CELSIUS-Skala

$$T \text{ (in K)} = 273{,}15 + \vartheta \text{ (in °C)}$$

Zustandsgleichung des idealen Gases

p ist der Druck, N die Teilchenzahl, T die Temperatur des im Volumen V eingeschlossenen Gases. n ist die Stoffmenge, R ist die allgemeine (universelle) Gaskonstante.

$$p\,V = N\,k\,T$$

bzw.

$$p\,V = n\,R\,T$$

Volumenausdehnung ΔV von Flüssigkeiten

γ ist der Volumenausdehnungskoeffizient (► T 12.3), V das Volumen der Flüssigkeit, ΔT die Temperaturänderung.

$$\Delta V = \gamma V \Delta T$$

Längenausdehnung Δl von Festkörpern

α ist der Längenausdehnungskoeffizient (► T 12.2), l die Länge des Festkörpers, ΔT die Temperaturänderung.

$$\Delta l = \alpha\, l\, \Delta T$$

Hauptsätze der Wärmelehre

1. Hauptsatz der Wärmelehre

Die Änderung der inneren Energie ΔE_i eines Körpers / einer Flüssigkeit / eines Gases kann durch Zufuhr bzw. Abgabe von Wärme Q oder Arbeit W erfolgen.

$$\Delta E_\mathrm{i} = Q + W$$

2. Hauptsatz der Wärmelehre

Wärme kann niemals von selbst von einem kälteren zu einem wärmeren Körper übergehen. Es gibt keine Maschine, die einzig und allein ein Wärmereservoir abkühlt und daraus elektrische oder mechanische Energie gewinnt (Nichtexistenz eines Perpetuum mobile 2. Art).

Innere Energie

Temperaturänderung ΔT und Änderung der inneren Energie ΔE_i

m ist die Masse des Körpers / der Flüssigkeit / des Gases,
c die spezifische Wärmekapazität (► T 12).
Der Aggregatzustand bleibt erhalten.

$$\Delta E_i = c\, m\, \Delta T$$

Spezifische Schmelzwärme s (► T 12) und Änderung der inneren Energie ΔE_i

m ist die Masse des Körpers / der Flüssigkeit.

$$\Delta E_i = m\, s$$

Spezifische Verdampfungswärme r (► T 12) und Änderung der inneren Energie ΔE_i

m ist die Masse der Flüssigkeit / des Gases.

$$\Delta E_i = m\, r$$

Mittlere kinetische Teilchenenergie $\overline{E}_{kin}$ eines einatomigen Gases

T ist die Temperatur des Gases.

$$\overline{E}_{kin} = \frac{3}{2}\, k\, T$$

ATOME, KERNE, QUANTEN

h bezeichnet im Weiteren das PLANCK-Wirkungsquantum,
c die Vakuumlichtgeschwindigkeit.

Atomhülle

Photonenenergie E_{ph}

Beim Übergang eines Atoms von einem angeregten Zustand n_2 in einen Zustand n_1 geringerer Energie wird ein Photon der Energie E_{ph} ausgesandt.

$$E_{ph} = E_{n_2} - E_{n_1},\ n_1, n_2 \in \mathbb{N}$$

Energiewerte E_n eines Teilchens im eindimensionalen Kastenpotential mit unendlich hohen Wänden

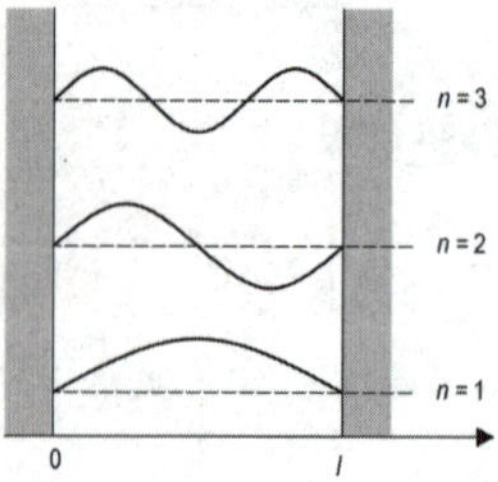

m ist die Masse des Teilchens, l die Breite des Kastenpotentials

$$E_n = \frac{h^2}{8\,ml^2}\,n^2,\ n \in \mathbb{N}$$

Diskrete Energieniveaus E_n im Wasserstoffatom

R_H ist die RYDBERG-Konstante für das Wasserstoffatom.

$$E_n = R_H\,h\,c\left(1 - \frac{1}{n^2}\right),\ n \in \mathbb{N}$$

Atomkern

Natürliche Radioaktivität

X (bzw. X* beim γ-Zerfall) bezeichnet das Radionuklid, Y (bzw. X beim γ-Zerfall) das Zerfallsprodukt.

$$\alpha\text{-Zerfall: } {}^{A}_{Z}X \rightarrow {}^{A-4}_{Z-2}Y^{2-} + {}^{4}_{2}He^{2+}$$

$$\beta\text{-Zerfall: } {}^{A}_{Z}X \rightarrow {}^{A}_{Z+1}Y^{+} + {}^{0}_{-1}e^{-} + {}^{0}_{0}\bar{\nu}$$

$$\gamma\text{-Zerfall: } {}^{A}_{Z}X^{*} \rightarrow {}^{A}_{Z}X + {}^{0}_{0}\gamma$$

Zerfallsgesetz

N ist die Anzahl der zur Zeit t noch nicht zerfallenen Atome, N_0 ihre ursprüngliche Anzahl, λ die Zerfallskonstante.

$$N = N_0 \, e^{-\lambda t}$$

Aktivität

A ist die Aktivität eines Präparats, N die Zahl der zur Zeit t noch nicht zerfallenen Atome, λ die Zerfallskonstante.

$$A = -\dot{N} = \lambda N$$

Zusammenhang zwischen Halbwertszeit $T_{1/2}$ und Zerfallskonstante λ

$$T_{1/2} = \frac{\ln 2}{\lambda}$$

Absorptionsgesetz für β- und γ-Strahlung

z ist die Zählrate, die hinter einem Absorber der Dicke d gemessen wird, z_0 die Zählrate ohne Absorber, μ der Schwächungskoeffizient.

$$z = z_0 \, e^{-\mu d}$$

Abstandsgesetz

z ist die Zählrate im Abstand r von der Quelle, falls diese in alle Raumrichtungen gleichmäßig strahlt und keine Absorption stattfindet.

$$z = \frac{\text{konst.}}{r^2}$$

Bindungsenergie des Atoms E_b

m_a ist die Atommasse, m_p die Protonenmasse, m_n die Neutronenmasse, m_e die Elektronenmasse.

$$m_a + \frac{E_b}{c^2} = Z\, m_e + Z\, m_p + N\, m_n$$

Q-Faktor bei Kernreaktionen

m_{vor} ist die Summe aller Massen vor der Reaktion, m_{nach} die Summe aller Massen nach der Reaktion.

$$Q = (m_{vor} - m_{nach})\, c^2$$

Biologische Strahlenwirkung – Energiedosis D

E ist die von einem Körper der Masse m absorbierte Energie.

$$D = \frac{E}{m}$$

Biologische Strahlenwirkung – Äquivalentdosis H

q ist der biologische Bewertungsfaktor, D die Energiedosis.
$q = 20$ für α-Strahlung, $q = 1$ für β- und γ-Strahlung.

$$H = q\,D$$

Quanten

Energie E_{ph} eines Photons

f ist die Frequenz des Photons.

$$E_{ph} = h\,f$$

Impuls p eines Photons

f ist die Frequenz des Photons,
λ die zugehörige Wellenlänge.

$$p = \frac{h\,f}{c} = \frac{h}{\lambda}$$

EINSTEIN-Gleichung zur Deutung des Photoeffekts

E_{kin}^{max} ist die maximale kinetische Energie des Photoelektrons,
f die Frequenz des eingestrahlten Lichts,
W die Auslösearbeit des Kathodenmaterials (► T 16).

$$E_{kin}^{max} = h\,f - W$$

RÖNTGEN-Bremsstrahlung

f_g ist die Grenzfrequenz der Röntgenbremsstrahlung
bei der Beschleunigungsspannung U,
e ist die Elementarladung.

$$h\,f_g = e\,U$$

DE BROGLIE-Wellenlänge λ eines Masseteilchens

p ist der Impuls des Teilchens.

$$p = \frac{h}{\lambda}$$

HEISENBERG-Unschärferelation

Δx bzw. Δp_x sind die Orts- bzw. Impulsunschärfe
des Teilchens in x-Richtung.

$$\Delta p_x\,\Delta x \geq \frac{h}{4\pi}$$

CHEMIE

Quantitative Aspekte

AVOGADRO-Konstante N_A und Stoffmenge *n*

$N(X)$ ist die Teilchenanzahl der Teilchen X,
$n(X)$ die Stoffmenge der Teilchen X.

$$N_A = \frac{N(X)}{n(X)}$$

Molare Masse *M*

$M(X)$ ist die molare Masse der Teilchen X,
$m(X)$ die Masse der Teilchen X,
$n(X)$ die Stoffmenge der Teilchen X.

$$M(X) = \frac{m(X)}{n(X)}$$

Molares Volumen V_m idealer Gase

$V_m(\text{Gas})$ ist das molare Volumen der Gasteilchen,
$V(\text{Gas})$ das Volumen der Gasteilchen,
$n(\text{Gas})$ die Stoffmenge der Gasteilchen.

$$V_m(\text{Gas}) = \frac{V(\text{Gas})}{n(\text{Gas})}$$

Unter Normbedingungen gilt:
$V_m(\text{Gas}) = V_{mn}(\text{Gas}) = 22{,}414\ \text{L} \cdot \text{mol}^{-1}$.

Massenkonzentration β

$\beta(X)$ ist die Massenkonzentration der Teilchen X,
$m(X)$ die Masse der Teilchen X,
$V(\Sigma)$ das Volumen der Lösung.

$$\beta(X) = \frac{m(X)}{V(\Sigma)}$$

Massenanteil ω

$\omega(X)$ ist der Massenanteil der Teilchen X,
$m(X)$ die Masse der Teilchen X,
$m(\text{Gem.})$ die Masse des Gemisches.

$$\omega(X) = \frac{m(X)}{m(\text{Gem.})}$$

Stoffmengenkonzentration *c*

$c(X)$ ist die Stoffmengenkonzentration der Teilchen X,
$n(X)$ die Stoffmenge der Teilchen X,
$V(\Sigma)$ das Volumen der Lösung.

$$c(X) = \frac{n(X)}{V(\Sigma)}$$

Reaktionsgeschwindigkeit

Mittlere Reaktionsgeschwindigkeit

Für homogene Reaktionen (Reaktionen, die in einer Phase stattfinden) $A \rightarrow Z$ gilt:

$$\overline{v} = -\frac{\Delta c(A)}{\Delta t} = +\frac{\Delta c(Z)}{\Delta t}$$

$\overline{v}$ ist die mittlere Reaktionsgeschwindigkeit innerhalb der Zeitspanne Δt, $\Delta c(X)$ ist die Änderung der Konzentration der Teilchen X innerhalb der Zeitspanne Δt.

Massenwirkungsgesetz

Reaktionen, bei denen keine Gase beteiligt sind

Für die Reaktion $a\,A + b\,B \rightleftharpoons y\,Y + z\,Z$ gilt:

$$K_\mathrm{c} = \frac{c^y(Y) \cdot c^z(Z)}{c^a(A) \cdot c^b(B)} = \frac{k_\mathrm{hin}}{k_\mathrm{rück}}$$

K_c ist die Gleichgewichtskonstante,
$c(X)$ die Stoffmengenkonzentration der Teilchen X.
Die Konzentration von Reaktionspartnern, die als Feststoff oder Flüssigkeit vorliegen, wird bei der Aufstellung des Massenwirkungsgesetzes nicht berücksichtigt.
k_hin und $k_\mathrm{rück}$ sind die Geschwindigkeitskonstanten der Hin- und Rückreaktion.
K_c ist abhängig von der Temperatur.

Gasreaktionen

Für die reine Gasreaktion $a\,A + b\,B \rightleftharpoons y\,Y + z\,Z$ gilt:

$$K_\mathrm{p} = \frac{p^y(Y) \cdot z^z(Z)}{p^a(A) \cdot p^b(B)} = \frac{k_\mathrm{hin}}{k_\mathrm{rück}}$$

K_p ist die Gleichgewichtskonstante,
p der Partialdruck.
K_p ist abhängig von Temperatur und Druck.
k_hin und $k_\mathrm{rück}$ sind die Geschwindigkeitskonstanten der Hin- und Rückreaktion.

GIBBS-HELMHOLTZ-Gleichung

$$\Delta G = \Delta H - T \cdot \Delta S$$

ΔG ist die Änderung der Freien GIBBS-Enthalpie,
ΔH ist die Änderung der Reaktionsenthalpie,
T ist die absolute Temperatur,
ΔS ist die Änderung der Entropie.

Säure-Base-Gleichgewichte

Ionenprodukt des Wassers K_w

K_W ist das Ionenprodukt des Wassers,
c die Stoffmengenkonzentration.

$$K_W = c(H_3O^+) \cdot c(OH^-)$$

($K_W = 10^{-14}\ mol^2 \cdot L^{-2}$ bei $T = 298{,}15$ K bzw. 25 °C)

Der pK_W-Wert ist der negative dekadische Logarithmus der Maßzahl von K_W in $mol^2 \cdot L^{-2}$.

$$pK_w = -\lg\{K_w\}$$

($pK_W = 14$ bei $T = 298{,}15$ K bzw. 25 °C)

Säurekonstante K_S und Säureexponent pK_S (► T 21)

Für $HA + H_2O \rightleftharpoons A^- + H_3O^+$ gilt:

$$K_S = \frac{c(H_3O^+) \cdot c(A^-)}{c(HA)}$$

Der pK_S-Wert ist der negative dekadische Logarithmus der Maßzahl der Säurekonstanten K_S in der Einheit $mol \cdot L^{-1}$.

$$pK_S = -\lg\{K_S\}$$

Basekonstante K_B und Baseexponent pK_B (► T 21)

Für $H_2O + B \rightleftharpoons OH^- + HB^+$ gilt:

$$K_B = \frac{c(OH^-) \cdot c(HB^+)}{c(B)}$$

Der pK_B-Wert ist der negative dekadische Logarithmus der Maßzahl der Basekonstanten K_B in der Einheit $mol \cdot L^{-1}$.

$$pK_B = -\lg\{K_B\}$$

Für korrespondierende Säure-Base-Paare gilt:

$$K_W = K_S \cdot K_B$$
$$pK_W = pK_S + pK_B$$

pH-Wert

$\{c(H_3O^+)\}$ ist die Maßzahl der Oxoniumionen-Konzentration in der Einheit $mol \cdot L^{-1}$.

$$pH = -\lg\{c(H_3O^+)\}$$

pOH-Wert

$\{c(OH^-)\}$ ist die Maßzahl der Hydroxidionen-Konzentration in der Einheit $mol \cdot L^{-1}$.

$$pOH = -\lg\{c(OH^-)\}$$

Es gilt:

$$pK_W = pH + pOH$$

Näherungsformeln zur Berechnung des pH-Werts

Starke Säuren HA:

$c_0(HA)$ ist die Anfangskonzentration der Säure HA vor ihrer Dissoziation.

$$pH = -\lg\{c_0(HA)\}$$

Schwache Säuren HA:

$c_0(HA)$ ist die Anfangskonzentration der Säure HA vor ihrer Dissoziation (► T 21).

$$pH = \frac{1}{2}(pK_S - \lg\{c_0(HA)\})$$

HENDERSON-HASSELBALCH-Gleichung

pH-Wert von Pufferlösungen einer schwachen Säure HA und ihrer korrespondierenden Base A^-:

$$pH = pK_S + \lg\left\{\frac{c_0(A^-)}{c_0(HA)}\right\}$$

Damit gilt am Halbtitrationspunkt einer schwachen Säure: $pH = pK_S$ (► T 21).

Redox-Gleichgewichte

Leerlaufspannung eines galvanischen Elements

$$U_L = \Delta E = E_K - E_A$$

Bei $T = 298{,}15$ K bzw. 25 °C sowie einer Konzentration (streng genommen einer Aktivität) von 1 mol · L^{-1} aller gelösten Stoffe bzw. einem Druck von $p = 1013 \cdot 10^5$ Pa aller beteiligten Gase:

$$U_L = \Delta E^0 = E_K{}^0 - E_A{}^0$$

U_L ist die Leerlaufspannung,
ΔE ist die Potenzialdifferenz,
E_K das Redoxpotenzial der Kathoden-Halbzelle,
E_A das Redoxpotenzial der Anoden-Halbzelle (bei stromloser Messung),
ΔE^0 ist die Standard-Potentialdifferenz,
$E_K{}^0$ das Standard-Redoxpotenzial der Kathoden-Halbzelle,
$E_A{}^0$ das Standard-Redoxpotenzial der Anoden-Halbzelle (beim stromloser Messung).

Nernst-Gleichung

Für die Halbzelle $a\,A + b\,B \rightleftharpoons y\,Y + z\,Z + n\,e^-$ gilt:

$$E\,(\text{Red/Ox}) = E^0\,(\text{Red/Ox}) + \frac{R \cdot T}{n \cdot F} \cdot \ln \left\{ \frac{c^y(Y) \cdot c^z(Z)}{c^a(A) \cdot c^b(B)} \right\}$$

E^0 ist das Normalpotenzial (► T 22) der Halbzelle (Red ist die reduzierte, Ox die oxidierte Form der reduzierenden/oxidierenden Teilchen),
n die Zahl der abgegebenen oder aufgenommenen Elektronen,
R die allgemeine Gaskonstante,
T die Temperatur in K, F die Faraday-Konstante,
$c\,(X)$ die Konzentration der Teilchen X (streng genommen die Aktivität).

Bei $T = 298{,}15$ K bzw. 25 °C gilt:

$$E\,(\text{Red/Ox}) = E^0\,(\text{Red/Ox}) + \frac{0{,}059\ \text{V}}{n} \cdot \lg \left\{ \frac{c^y(Y) \cdot c^z(Z)}{c^a(A) \cdot c^b(B)} \right\}$$

Wichtige Konstanten aus der Physik und der Chemie

Allgemeine (universelle) Gaskonstante ...	R	$= k N_A = 8{,}3145\ \text{J mol}^{-1}\ \text{K}^{-1}$
AVOGADRO-Konstante	N_A	$= 6{,}0221 \cdot 10^{23}\ \text{mol}^{-1}$
BOLTZMANN-Konstante	k	$= 1{,}3807 \cdot 10^{-23}\ \text{J K}^{-1}$
Elektrische Feldkonstante	ε_0	$= 1/\mu_0 c^2$
		$= 8{,}85418782 \cdot 10^{-12}\ \text{As V}^{-1}\ \text{m}^{-1}$
Elementarladung	e	$= 1{,}6022 \cdot 10^{-19}\ \text{As}$
Fallbeschleunigung (Norm)	g	$= 9{,}81\ \text{m s}^{-2}$ (Mitteleuropa)
	g	$= 9{,}78\ \text{m s}^{-2}$ (Äquator)
	g	$= 9{,}83\ \text{m s}^{-2}$ (Polnähe)
FARADAY-Konstante	F	$= e N_A = 9{,}6485 \cdot 10^{4}\ \text{As mol}^{-1}$
Gravitationskonstante	G	$= 6{,}6743 \cdot 10^{-11}\ \text{m}^3\ \text{kg}^{-1}\ \text{s}^{-2}$
HUBBLE-Konstante	H_0	$= 74\ \text{km s}^{-1}\ \text{Mpc}^{-1}$
Lichtgeschwindigkeit im Vakuum	c	$= 2{,}99792458 \cdot 10^{8}\ \text{m s}^{-1}$
Magnetische Feldkonstante	μ_0	$= 4\pi \cdot 10^{-7}\ \text{Vs A}^{-1}\ \text{m}^{-1}$
Molares Volumen idealer Gase	V_{mn}	$= 22{,}414\ \text{L mol}^{-1}$
		(bei 0 °C und 1013 hPa)
PLANCK-Wirkungsquantum	h	$= 6{,}6261 \cdot 10^{-34}\ \text{Js}$
		$= 4{,}1357 \cdot 10^{-15}\ \text{eVs}$
RYDBERG-Konstante für das Wasserstoffatom	R_H	$= 1{,}0967758 \cdot 10^{7}\ \text{m}^{-1}$
Solarkonstante	S	$= 1{,}367\ \text{kW m}^{-2}$
STEFAN-BOLTZMANN-Konstante	σ	$= 5{,}6704 \cdot 10^{-8}\ \text{W m}^{-2}\ \text{K}^{-4}$
WIEN-Verschiebungskonstante	b	$= 2{,}89777 \cdot 10^{-3}\ \text{m} \cdot \text{K}$

Eigenschaften ausgewählter Teilchen

Elektron

Ruhemasse	$9{,}10939 \cdot 10^{-31}$ kg = $5{,}4858 \cdot 10^{-4}$ u
Ruheenergie	511 keV
Ladung	$-1e$

Proton

Ruhemasse	$1{,}67262 \cdot 10^{-27}$ kg = 1,007276 u
Ruheenergie	938,28 MeV
Ladung	$+1e$
Quarkzusammensetzung	uud

Neutron

Ruhemasse	$1{,}67493 \cdot 10^{-27}$ kg = 1,008665 u
Ruheenergie	939,57 MeV
Ladung	0
Quarkzusammensetzung	udd

α-Teilchen

Ruhemasse	$6{,}64466 \cdot 10^{-27}$ kg = 4,001506 u
Ruheenergie	3,72738 GeV
Ladung	$+2e$

T1 Definition der SI-Einheiten

1 **Meter** (m) ist die Länge der Strecke, die Licht im Vakuum während der Dauer von 1/299 792 458 Sekunden durchläuft.

1 **Kilogramm** (kg) ist die Masse des Internationalen Kilogrammprototyps.

1 **Sekunde** (s) ist das 9 192 631 770-fache der Periodendauer der dem Übergang zwischen den beiden Hyperfeinstrukturniveaus des Grundzustandes von Atomen des Nuklids ^{133}Cs entsprechenden Strahlung.

1 **Ampere** (A) ist die Stärke eines zeitlich unveränderlichen elektrischen Stromes, der, durch zwei im Vakuum parallel im Abstand 1 m voneinander angeordnete, geradlinige, unendlich lange Leiter von vernachlässigbar kleinem, kreisförmigem Querschnitt fließend, zwischen diesen Leitern je 1 m Leiterlänge die Kraft $2 \cdot 10^{-7}$ N hervorrufen würde.

1 **Kelvin** (K) ist der 273,16-te Teil der thermodynamischen Temperatur des Tripelpunktes des Wassers.

1 **Mol** (mol) ist die Stoffmenge eines Systems, das aus ebenso viel Einzelteilchen besteht, wie Atome in $\frac{12}{1000}$ kg des Kohlenstoffnuklids ^{12}C enthalten sind. Bei Verwendung des Mol müssen die Einzelteilchen des Systems spezifiziert sein und können Atome, Moleküle, Ionen, Elektronen sowie andere Teilchen oder Gruppen solcher Teilchen genau angegebener Zusammensetzung sein.

1 **Candela** (cd) ist die Lichtstärke in einer bestimmten Richtung einer Strahlungsquelle, die monochromatische Strahlung der Frequenz 540 THz aussendet und deren Strahlstärke in dieser Richtung 1/683 W sr^{-1} beträgt.

T2 Weitere wichtige physikalische Einheiten

Größe	Buchstabensymbol	SI-Einheit	Zeichen	Zusammenhang mit anderen SI-Einheiten
Frequenz	f	Hertz	Hz	$1\ \mathrm{Hz} = 1\ \mathrm{s}^{-1}$
Kraft	F	Newton	N	$1\ \mathrm{N} = 1\ \mathrm{kg\ m\ s}^{-2}$
Druck	p	Pascal	Pa	$1\ \mathrm{Pa} = 1\ \mathrm{N\ m}^{-2}$
Energie	E	Joule	J	$1\ \mathrm{J} = 1\ \mathrm{N\ m} = 1\ \mathrm{V\ A\ s} = 1\ \mathrm{W\ s}$
Leistung	P	Watt	W	$1\ \mathrm{W} = 1\ \mathrm{V\ A} = 1\ \mathrm{J\ s}^{-1}$
elektr. Spannung ..	U	Volt	V	$1\ \mathrm{V} = 1\ \mathrm{J\ C}^{-1}$
elektr. Ladung ...	Q	Coulomb	C	$1\ \mathrm{C} = 1\ \mathrm{A\ s}$
elektr. Widerstand	R	Ohm	Ω	$1\ \Omega = 1\ \mathrm{V\ A}^{-1}$
magn. Flussdichte	B	Tesla	T	$1\ \mathrm{T} = 1\ \mathrm{Vs\ m}^{-2}$
Induktivität	L	Henry	H	$1\ \mathrm{H} = 1\ \mathrm{Vs\ A}^{-1}$
elektr. Kapazität ..	C	Farad	F	$1\ \mathrm{F} = 1\ \mathrm{C\ V}^{-1}$
Aktivität (radioakt.)	A	Becquerel	Bq	$1\ \mathrm{Bq} = 1\ \mathrm{s}^{-1}$
Energiedosis	D	Gray	Gy	$1\ \mathrm{Gy} = 1\ \mathrm{J\ kg}^{-1}$
Äquivalentdosis ..	H	Sievert	Sv	$1\ \mathrm{Sv} = 1\ \mathrm{J\ kg}^{-1}$

T3 Abgeleitete Einheiten

3.1 Zeit (SI-Einheit 1 Sekunde)

Einheit	Zeichen	Faktor zur Umrechnung in				
		s	min	h	d	a
Sekunde	s	1	$\frac{1}{60}$	$\frac{1}{3600}$	$\frac{1}{86400}$	$\frac{1}{31\,536\,000}$
Minute	min	60	1	$\frac{1}{60}$	$\frac{1}{1440}$	$\frac{1}{525\,600}$
Stunde	h	3600	60	1	$\frac{1}{24}$	$\frac{1}{8760}$
Tag	d	86 400	1440	24	1	$\frac{1}{365}$
Jahr	a	31 536 000	525 600	8760	365	1

3.2 Masse (SI-Einheit 1 Kilogramm)

Atomare Masseneinheit u . .	$1\ \text{u} = 1{,}660\,540 \cdot 10^{-27}\ \text{kg}$	$1\ \text{kg} = 6{,}022\,136 \cdot 10^{26}\ \text{u}$
Tonne t	$1\ \text{t} = 10^{3}\ \text{kg}$	$1\ \text{kg} = 10^{-3}\ \text{t}$

3.3 Länge (SI-Einheit 1 Meter)

Einheit	Zeichen	Faktor zur Umrechnung in m
Meter (SI-Einheit)	m	–
Dezimeter	dm	$1\ \text{dm} = 10^{-1}\ \text{m}$
Zentimeter	cm	$1\ \text{cm} = 10^{-2}\ \text{m}$
Ångström.	Å	$1\ \text{Å} = 10^{-10}\ \text{m}$
Astronomische Einheit.	AE	$1\ \text{AE} = 1{,}495979 \cdot 10^{11}\ \text{m}$
Lichtjahr	Lj	$1\ \text{Lj} = 9{,}46 \cdot 10^{15}\ \text{m}$
Parsec	pc	$1\ \text{pc} = 3{,}09 \cdot 10^{16}\ \text{m}$

3.4 Geschwindigkeit (SI-Einheit 1 m s^{-1})

1 m s^{-1} = 3,600 km h^{-1}; 1 km h^{-1} = 0,278 m s^{-1}

3.5 Energie (SI-Einheit 1 Joule)

Einheit	Zeichen	Faktor zur Umrechnung in			
		J	eV	kWh	kcal
Joule (SI-Einheit)	J	1	$6{,}24 \cdot 10^{18}$	$2{,}78 \cdot 10^{-7}$	$2{,}39 \cdot 10^{-4}$
Elektronvolt	eV	$1{,}60 \cdot 10^{-19}$	1	$4{,}45 \cdot 10^{-26}$	$3{,}83 \cdot 10^{-25}$
Kilowattstunde	kWh	$3{,}60 \cdot 10^{6}$	$2{,}25 \cdot 10^{25}$	1	$8{,}60 \cdot 10^{2}$
Kilokalorie	kcal	$4{,}19 \cdot 10^{3}$	$2{,}61 \cdot 10^{22}$	$1{,}16 \cdot 10^{-3}$	1

Masse und Energie: $m c^2 = E$

1 u c^2 = 931,49 MeV; 1 kg c^2 = $5{,}6097 \cdot 10^{29}$ MeV

T4 Vorsätze zur Bezeichnung von Zehnerpotenzen von Einheiten

Zehnerpotenz	Vorsatz	Vorsatzzeichen
10^{-1}	Dezi	d
10^{-2}	Zenti	c
10^{-3}	Milli	m
10^{-6}	Mikro	µ
10^{-9}	Nano	n
10^{-12}	Piko	p
10^{-15}	Femto	f
10^{-18}	Atto	a

Zehnerpotenz	Vorsatz	Vorsatzzeichen
10^{1}	Deka	da
10^{2}	Hekto	h
10^{3}	Kilo	k
10^{6}	Mega	M
10^{9}	Giga	G
10^{12}	Tera	T
10^{15}	Peta	P
10^{18}	Exa	E

T5 Dichte

5.1 Feste Stoffe

(Dichte ϱ bei 20 °C)

Stoff	$\frac{\varrho}{\text{g cm}^{-3}}$
Metalle	
Aluminium	2,70
Blei	11,35
Eisen	7,86
Gold	19,3
Kupfer	8,93
Magnesium	1,74
Nickel	8,9
Platin	21,5
Silber	10,5
Zink	7,13
Zinn	7,30
Legierungen	
Duralumin 1)	2,8
Elektron 2)	1,8
Invar 3)	7,9
Messing 4)	≈8,4
Neusilber 5)	8,7
V2A-Stahl 6)	7,9
Verschiedene Stoffe	
Eis bei 0 °C	0,917
Fensterglas	≈2,6
Holz (Buche)	0,7
(Eiche)	0,9
(Tanne)	0,5
Kolophonium	1,08
Kork	≈0,3
Marmor	2,7
Parafin	0,9
Porzellan	2,3
Quarzglas	2,2
Wachs	≈0,96
Zucker	≈1,6

1) 95 Al, 4 Cu, Rest Mg, Mn, Si, Fe.
2) 93,5 Mg, 0,5 Cu, 4 Zn, 2 Al.
3) 64 Fe, 36 Ni. 4) 62 Cu, 38 Zn.
5) 62 Cu, 16 Ni, 22 Zn. 6) 74 Fe, 18 Cr, 8 Ni.

5.2 Flüssigkeiten

(Dichte ϱ bei 20 °C)

Flüssigkeit	$\frac{\varrho}{\text{g cm}^{-3}}$
Ethylalkohol	0,789
Aceton	0,791
Benzol	0,879
Benzin	0,7... 0,8
Diäthyläther	0,715
Glycerin	1,260
Quecksilber	13,55
Schwefelkohlenstoff	1,263
Tetrachlorkohlenstoff	1,59
Toluol	0,867
Wasser	0,998
Olivenöl	0,91
Terpentinöl	0,87
Petroleum	0,85

5.3 Dichte ϱ des Wassers in Abhängigkeit von der Temperatur *t*

$\frac{t}{°\text{C}}$	$\frac{\varrho}{\text{g cm}^{-3}}$
0	0,99 984
1	0,99 990
2	0,99 994
3	$0{,}99\,996_5$
4	$0{,}99\,997_3$
5	$0{,}99\,996_5$
6	0,99 994
7	0,99 990
8	0,99 985
9	0,99 978
10	0,99 970
20	0,99 820
30	0,99 565
50	0,98 805
70	0,97 778
100	0,95 835

T6 Viskosität

6.1 Flüssigkeiten bei 0 °C und 20 °C

Flüssigkeit	η / Pa s	
	0 °C	20 °C
Benzol	$0{,}91 \cdot 10^{-3}$	$0{,}65 \cdot 10^{-3}$
Glycerin	12,1	1,41
Quecksilber	$1{,}69 \cdot 10^{-3}$	$1{,}55 \cdot 10^{-3}$
Ricinusöl	2,42	0,98
Wasser	$1{,}79 \cdot 10^{-3}$	$1{,}002 \cdot 10^{-3}$

6.2 Gase bei 20 °C und 1013 hPa

Gas	η / 10^{-6} Pa s
Luft	1,7
Propan	7,5
Sauerstoff	19,2
Stickstoff	16,6
Wasserstoff	6,5

T7 Schallgeschwindigkeit für Längswellen

7.1 c in Stäben bei 20 °C

Stoff	$\frac{c}{\text{m s}^{-1}}$
Aluminium	$5{,}1 \cdot 10^3$
Blei	$1{,}2 \cdot 10^3$
Eisen	$5{,}1 \cdot 10^3$
Gold	$2{,}0 \cdot 10^3$
Kupfer	$3{,}7 \cdot 10^3$
Magnesium	$4{,}8 \cdot 10^3$
Messing	$3{,}4 \cdot 10^3$
Neusilber	$3{,}6 \cdot 10^3$
Nickel	$4{,}9 \cdot 10^3$
Platin	$2{,}8 \cdot 10^3$
Silber	$2{,}6 \cdot 10^3$
Zinn	$2{,}7 \cdot 10^3$
Fensterglas	$5{,}0 \cdot 10^3$

7.2 c in Flüssigkeiten bei 20 °C und in Gasen bei 0 °C und 1013 hPa

Flüssigkeit	$\frac{c}{\text{m s}^{-1}}$
Aceton	$1{,}19 \cdot 10^3$
Benzol	$1{,}33 \cdot 10^3$
Glycerin	$1{,}92 \cdot 10^3$
Wasser	$1{,}48 \cdot 10^3$

Gas	$\frac{c}{\text{m s}^{-1}}$
Leuchtgas	$4{,}50 \cdot 10^2$
Luft	$3{,}31 \cdot 10^2$
Sauerstoff	$3{,}13 \cdot 10^2$
Wasserstoff	$1{,}30 \cdot 10^3$

T8 Reibungszahlen und Widerstandsbeiwerte

8.1 Haftreibung μ_0 und Gleitreibung μ

Stoffpaar	μ_0	μ
Stahl auf Stahl	0,15	0,09…0,3
Holz auf Holz	0,5…0,6	0,2 …0,4
Eisen auf Schnee	–	≈0,04
Stahl auf Eis	≈0,03	≈0,015

8.2 Rollreibung μ

Eisen auf Eisen . . . . $\mu \approx 0{,}005$;
Kugeln im Kugellager . . . . . $\mu \approx 0{,}001$.

8.3 Gesamtreibung μ von Fahrzeugen

Fahrzeug	μ
Schienenfahrzeug	≈0,002
Auto	
auf guter Straße	≈0,01
Wagen (nicht gummibereift)	
auf guter Straße	≈0,02
auf Sandboden	≈0,3

8.4 Widerstandsbeiwerte c_w in Luft

Körperform		c_w
Kreiszylinder: 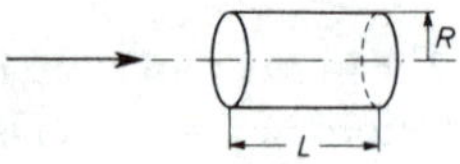	$L/R = 0$, dünne Platte	1,11
	$L/R = 4$	0,85
	$L/R = 14$	0,99
Halbkugelschale: 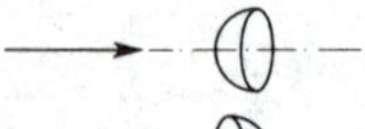	konvex	0,34
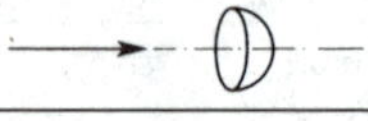	konkav	1,33
Kugel: 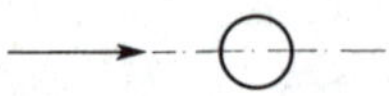		0,45
Stromlinienkörper: 		0,06
Kraftfahrzeuge:	Personenwagen	0,25…0,40
	Lastwagen	0,70…0,85

T9 Daten der Himmelskörper im Sonnensystem

9.1 Daten der Planeten im Sonnensystem

Name	**Bahnradius** (durchschnittliche Entfernung von der Sonne)	**numerische Exzentrizität**	**Umlaufdauer** (siderisch)	**Masse**
	in km			in kg
Merkur	$57{,}910 \cdot 10^6$	0,2056326	87,969 d	$3{,}303 \cdot 10^{23}$
Venus	$108{,}20 \cdot 10^6$	0,0067777	224,701 d	$4{,}869 \cdot 10^{24}$
Erde	$149{,}60 \cdot 10^6$	0,0167134	365,256 d	$5{,}974 \cdot 10^{24}$
Mars	$227{,}94 \cdot 10^6$	0,0933958	686,980 d	$6{,}421 \cdot 10^{23}$
Jupiter	$778{,}33 \cdot 10^6$	0,0482071	11,869 a	$1{,}899 \cdot 10^{27}$
Saturn	$1{,}4294 \cdot 10^9$	0,0553313	29,457 a	$5{,}685 \cdot 10^{26}$
Uranus	$2{,}8709 \cdot 10^9$	0,0473717	84,011a	$8{,}686 \cdot 10^{25}$
Neptun	$4{,}5043 \cdot 10^9$	0,0103614	164,79 a	$1{,}024 \cdot 10^{26}$

Name	**mittlerer Radius**	**Fallbeschleunigung an der Oberfläche**	**Rotationsdauer** (siderisch)	**mittlere Dichte**	**Bahnneigung**
	in km	in $m\ s^{-2}$		in $g\ cm^{-3}$	
Merkur	$2{,}4397 \cdot 10^3$	3,7	58,646 d	5,43	7,0 °
Venus	$6{,}0518 \cdot 10^3$	8,87	243,019 d	5,24	3,4 °
Erde	$6{,}37814 \cdot 10^3$	9,81	23,934 h	5,515	0 °
Mars	$3{,}3972 \cdot 10^3$	3,71	24,623 h	3,93	1,9 °
Jupiter	$7{,}1492 \cdot 10^4$	24,90	9,925 h	1,33	1,3 °
Saturn	$6{,}0268 \cdot 10^4$	10,44	10,783 h	0,69	2,5 °
Uranus	$2{,}5559 \cdot 10^4$	8,87	17,240 h	1,27	0,77 °
Neptun	$2{,}4746 \cdot 10^4$	11,15	16,110 h	1,64	1,8 °

9.2 Daten der Sonne

Masse	$M_\odot = 1{,}989 \cdot 10^{30}$ kg
Radius	$r_\odot = 6{,}96 \cdot 10^{8}$ m
Oberflächentemperatur	$T_\odot = 5{,}8 \cdot 10^{3}$ K
Leuchtkraft	$L_\odot = 3{,}82 \cdot 10^{26}$ W
Solarkonstante	$S = 1{,}36$ kW m^{-2}
scheinbare Helligkeit	$m = -26{,}8$
absolute Helligkeit	$M = 4{,}8$

9.3 Daten des Mondes

Masse	$M = 7{,}3483 \cdot 10^{22}$ kg
mittlere Dichte	$\rho = 3{,}341$ g cm^{-3}
mittlerer Radius	$r = 1{,}7374 \cdot 10^{6}$ m
Umlaufzeit (siderisch)	$t_{sid} = 27{,}32166$ d
Umlaufzeit (synodisch)	$t_{syn} = 29{,}53059$ d

T10 Spezifischer elektr. Widerstand und Permittivitätszahl von Isolierstoffen bei 20 °C

10.1 Spezifischer elektrischer Widerstand bei 20 °C

Stoff	$\frac{\varrho}{10^{-6}\,\Omega\,m}$	*Stoff*	$\frac{\varrho}{10^{-6}\,\Omega\,m}$
Aluminium	0,026	Cr-Ni (20/80)	1,1
Eisen	0,10	Nickelin[4])	0,40
Kupfer	0,017	Bogenlampenkohle ...	≈ 60
Silber	0,016	10%ige HCl[5])	$1{,}5 \cdot 10^4$
Quecksilber	0,96	10%ige H_2SO_4	$2{,}5 \cdot 10^4$
Platin	0,10	10%ige NaOH	$3{,}1 \cdot 10^4$
Konstantan[1])	0,50	10%ige NaCl-Lös. ...	$7{,}9 \cdot 10^4$
Manganin[2])	0,43	10%ige $AgNO_3$-Lös. ..	$21 \cdot 10^4$
Megapyr[3])	1,4	10%ige $CuSO_4$-Lös. ..	$30 \cdot 10^4$

1) 54 Cu, 45 Ni, 1 Mn. 2) 86 Cu, 12 Mn, 2 Ni. 3) 65 Fe, 30 Cr, 5 Al. 4) 67 Cu, 30 Ni, 3 Mn.
5) Gewichtsprozente der Lösung (die Salze wasserfrei gerechnet)

10.2 Spezifischer elektrischer Widerstand und Permittivitätszahl von Isolierstoffen bei 20 °C

Stoff	$\frac{\varrho}{\Omega\,\text{m}}$	ε_r
Bernstein	$> 10^{16}$	2,8
Paraffin	bis 10^{16}	1,9 … 2,2
Quarzglas	bis 10^{16}	4
Glimmer	bis 10^{15}	5 … 8
Porzellan (unglasiert)	bis $5 \cdot 10^{12}$	etwa 6
Holz (trocken)	10^{9} … 10^{13}	2,5 … 7
Hartgummi	bis 10^{15}	2,5 … 3,5
keramische Sondermassen	bis 10^{13}	bis 100
Trolitul	bis 10^{16}	2 … 2,5
Mipolam®	bis 10^{14}	3,5
Plexiglas®	bis 10^{13}	3 … 3,6
Wasser (reinst)	$2 \cdot 10^{5}$	81,6

T11 Permeabilitätszahlen für ausgewählte Materialien

Medium	μ_r	*Einteilung*
Supraleiter	0	ideal diamagnetisch
Blei, Zinn	< 1 (ca. 0,999 …)	diamagnetisch
Kupfer	$0{,}9999936 = 1 - 6{,}4 \cdot 10^{-6}$	diamagnetisch
Vakuum	1	neutral
Platin	1,000257	paramagnetisch
Wasserstoff	$1 + 8 \cdot 10^{-9}$	paramagnetisch
Luft	> 1 (ca. $1 + 10^{-6}$)	paramagnetisch
Aluminium	> 1	paramagnetisch
Kobalt	80 … 200	paramagnetisch
Eisen	300 … 10 000	ferromagnetisch
Ferrite	4 … 15 000	ferromagnetisch
Mu-Metall (NiFe)	50 000 … 140 000	ferromagnetisch
Amorphe Metalle	700 … 500 000	ferromagnetisch
nanokristalline Metalle	20 000 … 150 000	ferromagnetisch

T12 Thermische Daten

12.1 Gase

Gas	$\frac{c_p}{\text{kJ kg}^{-1}\text{ K}^{-1}}$	$\frac{c_v}{\text{kJ kg}^{-1}\text{ K}^{-1}}$	$\frac{c_p}{c_v}$	$\frac{t_s}{°\text{C}}$	$\frac{t_r}{°\text{C}}$
Argon	0,523	0,32	1,65	−189,3	−185,9
Helium	5,23	3,14	1,63	−272,2	−268,9
Sauerstoff	0,92	0,657	1,40	−218,8	−183,0
Stickstoff	1,04	0,741	1,40	−210,0	−195,8
Luft	1,00	0,716	1,40	−213	−193
Kohlendioxid	0,84	0,645	1,30	−56,6	−78,5
Wasserstoff	14,3	10,2	1,41	−259,2	−252,8

c_p ist die spezifische Wärmekapazität bei konstantem Druck,
c_v ist die spezifische Wärmekapazität bei konstantem Volumen,
t_s ist die Schmelztemperatur,
t_r die normale Siedetemperatur.

12.2 Feste Stoffe (Metalle)

Stoff	$\frac{\alpha}{\text{K}^{-1}}$	$\frac{c}{\text{kJ kg}^{-1}\text{ K}^{-1}}$	$\frac{t_s}{°\text{C}}$	$\frac{s}{\text{kJ kg}^{-1}}$
Aluminium	$23{,}8 \cdot 10^{-6}$	0,896	660	396
Blei	$29{,}4 \cdot 10^{-6}$	0,130	327	25
Eisen	$12 \cdot 10^{-6}$	0,452	1535	270
Gold	$14{,}3 \cdot 10^{-6}$	0,130	1063	65
Kupfer	$16{,}8 \cdot 10^{-6}$	0,385	1083	205
Nickel	$12{,}8 \cdot 10^{-6}$	0,448	1453	300
Platin	$9{,}0 \cdot 10^{-6}$	0,134	1769	111
Silber	$19{,}7 \cdot 10^{-6}$	0,234	961	105
Zink	$26{,}3 \cdot 10^{-6}$	0,389	420	102
Zinn	$27 \cdot 10^{-6}$	0,226	232	59

α ist der Längenausdehnungskoeffizient zwischen 0 °C und 100 °C,
c die spezifische Wärmekapazität bei 20 °C,
t_s die Schmelztemperatur und s die spezifische Schmelzwärme.

12.3 Flüssigkeiten

Flüssigkeit	$\frac{\gamma}{K^{-1}}$	$\frac{c}{kJ\,kg^{-1}\,K^{-1}}$	$\frac{t_s}{°C}$	$\frac{s}{kJ\,kg^{-1}}$	$\frac{t_r}{°C}$	$\frac{r}{kJ\,kg^{-1}}$
Äthylalkohol	$1{,}10 \cdot 10^{-3}$	2,4	–114	105	78,3	854
Benzol	$1{,}23 \cdot 10^{-3}$	1,7	5,53	126	80,1	394
Glycerin*	$0{,}5 \cdot 10^{-3}$	2,4	20	176	290	–
Quecksilber	$0{,}182 \cdot 10^{-3}$	0,14	–38,9	11,8	357	285
Schwefelkohlenstoff	$1{,}18 \cdot 10^{-3}$	1,0	–112	–	46	364
Tetrachlorkohlenstoff	$1{,}22 \cdot 10^{-3}$	0,84	–23	–	77	193
Toluol	$1{,}11 \cdot 10^{-3}$	1,7	–95	–	111	363
Wasser	$0{,}21 \cdot 10^{-3}$	4,19	0,00	334	100,0	2257
Terpentinöl	$0{,}97 \cdot 10^{-3}$	1,8	–	–	–	–
Petroleum	$0{,}96 \cdot 10^{-3}$	2,1	–	–	–	–

* (wasserfrei)
γ ist der Volumenausdehnungskoeffizient,
c die spezifische Wärmekapazität bei 20 °C,
t_s die Schmelztemperatur
s die spezifische Schmelzwärme,
t_r die normale Siedetemperatur und
r die zugehörige spezifische Verdampfungswärme.

T13 Heizwerte von Brennstoffen

Brennstoff	Heizwert in kJ kg^{-1}
Holz (trocken)	$\approx 1{,}7 \cdot 10^4$
Torf (trocken)	$\approx 1{,}6 \cdot 10^4$
Braunkohle	$\approx 1{,}9 \cdot 10^4$
Steinkohle	$\approx 3{,}0 \cdot 10^4$
Hüttenkoks	$\approx 2{,}9 \cdot 10^4$
Benzin	$\approx 4{,}2 \cdot 10^4$
Dieselöl	$\approx 4{,}2 \cdot 10^4$
Heizöl	$\approx 4{,}2 \cdot 10^4$
Stadtgas	$\approx 2{,}9 \cdot 10^4$
Wasserstoff	$\approx 13 \cdot 10^4$

T14 Brechzahl n für Licht der Wellenlänge λ = 589,3 nm (Na-D-Linie) bei 20 °C

Stoff	n
Optische Gläser:	
Flintgläser:	
F 3 (Schott)	1,6128
S F 2 (Schott)	1,6477
Krongläser:	
B K 7 (Schott)	1,5163
S K 1 (Schott)	1,6102
Quarzglas	1,4584
Diamant	2,4173
Kanadabalsam	1,542
Äthylalkohol	1,3617
Benzol	1,5014
Schwefelkohlenstoff	1,6277
Wasser	1,3330

T15 Wellenlänge λ einiger wichtiger Spektrallinien in Luft

Element	FRAUNHOFER-Linie	λ / nm
Helium	–	667,8
	D_3	587,6
	–	501,6
	–	492,2
	–	447,1
Natrium	D_1	589,6
	D_2	589,0

Element	FRAUNHOFER-Linie	λ / nm
Quecksilber	–	579,1
	–	577,0
	–	546,1
	–	491,6
	–	435,8
	–	407,8
	–	404,7
Wasserstoff	C (H_α)	656,5
	F (H_β)	486,3
	G′ (H_γ)	434,2
	h (H_δ)	410,3

T16 Auslösearbeit einiger Metalle

Metall	W / eV
Natrium	2,28
Kalium	2,25
Rubidium	2,13
Cäsium	1,94

Metall	W / eV
Kupfer	4,84
Gold	4,83
Platin	5,66
Wolfram	4,57

T17.1 Atommasse der stabilen Nuklide

Z	Nuklid	m_a/u
1	H 1	1,007 825
	H 2	2,014 102
2	He 3	3,016 029
	He 4	4,002 603
3	Li 6	6,015 121
	Li 7	7,016 003
4	Be 9	9,012 182
5	B 10	10,012 937
	B 11	11,009 305
6	C 12	12 exakt
	C 13	13,003 355
7	N 14	14,003 074
	N 15	15,000 109
8	O 16	15,994 915
	O 17	16,999 131
	O 18	17,999 160
9	F 19	18,998 403
10	Ne 20	19,992 436
	Ne 21	20,993 843
	Ne 22	21,991 383
11	Na 23	22,989 768
12	Mg 24	23,985 042
	Mg 25	24,985 837
	Mg 26	25,982 594
13	Al 27	26,981 539

Z	Nuklid	m_a/u
14	Si 28	27,976 927
	Si 29	28,976 495
	Si 30	29,973 771
15	P 31	30,973 762
16	S 32	31,972 071
	S 33	32,971 459
	S 34	33,967 867
	S 36	35,967 081
17	Cl 35	34,968 853
	Cl 37	36,965 903
18	Ar 36	35,967 546
	Ar 38	37,962 733
	Ar 40	39,962 384
19	K 39	38,963 707
	K 41	40,961 825
20	Ca 40	39,962 591
	Ca 42	41,958 618
	Ca 43	42,958 766
	Ca 44	43,955 481
	Ca 46	45,953 689
21	Sc 45	44,955 910
22	Ti 46	45,952 629
	Ti 47	46,951 764
	Ti 48	47,947 947
	Ti 49	48,947 871
	Ti 50	49,944 792
23	V 51	50,943 962

Z	Nuklid	m_a/u
24	Cr 52	51,940 510
	Cr 53	52,940 651
	Cr 54	53,938 883
25	Mn 55	54,938 047
26	Fe 54	53,939 613
	Fe 56	55,934 939
	Fe 57	56,935 396
	Fe 58	57,933 277
27	Co 59	58,933 198
28	Ni 58	57,935 346
	Ni 60	59,930 788
	Ni 61	60,931 058
	Ni 62	61,928 346
	Ni 64	63,927 968
29	Cu 63	62,929 599
	Cu 65	64,927 793
30	Zn 64	63,929 145
	Zn 66	65,926 035
	Zn 67	66,927 129
	Zn 68	67,924 846
31	Ga 69	68,925 580
	Ga 71	70,924 701
32	Ge 70	69,924 250
	Ge 72	71,922 079
	Ge 73	72,923 463
	Ge 74	73,921 177
	Ge 76	75,921 402

Z	Nuklid	m_a/u
33	As 75	74,921 594
34	Se 74	73,922 475
	Se 76	75,919 212
	Se 77	76,919 913
	Se 78	77,917 308
	Se 80	79,916 520
35	Br 79	78,918 336
	Br 81	80,916 289
36	Kr 78	77,920 396
	Kr 80	79,916 380
	Kr 82	81,913 482
	Kr 83	82,914 135
	Kr 84	83,911 507
	Kr 86	85,910 616
37	Rb 85	84,911 794
38	Sr 84	83,913 430
	Sr 86	85,909 267
	Sr 87	86,908 884
	Sr 88	87,905 619
39	Y 89	88,905 849
40	Zr 90	89,904 703
	Zr 91	90,905 644
	Zr 92	91,905 039
	Zr 94	93,906 315
41	Nb 93	92,906 377
42	Mo 92	91,906 808
	Mo 94	93,905 085
	Mo 95	94,905 841
	Mo 96	95,904 679
	Mo 97	96,906 021

Z	Nuklid	m_a/u
42	Mo 98	97,905 407
	Mo 100	99,907 477
44	Ru 96	95,907 599
	Ru 98	97,905 287
	Ru 99	98,905 939
	Ru 100	99,904 219
	Ru 101	100,905 582
	Ru 102	101,904 349
	Ru 104	103,905 424
45	Rh 103	102,905 500
46	Pd 102	101,905 634
	Pd 104	103,904 029
	Pd 105	104,905 079
	Pd 106	105,903 478
	Pd 108	107,903 895
	Pd 110	109,905 167
47	Ag 107	106,905 092
	Ag 109	108,904 757
48	Cd 106	105,906 461
	Cd 108	107,904 176
	Cd 110	109,903 005
	Cd 111	110,904 182
	Cd 112	111,902 758
	Cd 114	113,903 357
	Cd 116	115,904 754
49	In 113	112,904 061
50	Sn 112	111,904 826
	Sn 114	113,902 784
	Sn 115	114,903 348
	Sn 116	115,901 747
	Sn 117	116,902 956
	Sn 118	117,901 609

Z	Nuklid	m_a/u
50	Sn 119	118,903 310
	Sn 120	119,902 199
	Sn 122	121,903 440
	Sn 124	123,905 274
51	Sb 121	120,903 821
	Sb 123	122,904 216
52	Te 120	119,904 048
	Te 122	121,903 054
	Te 124	123,902 823
	Te 125	124,904 433
	Te 126	125,903 314
53	I 127	126,904 473
54	Xe 124	123,905 894
	Xe 126	125,904 281
	Xe 128	127,903 531
	Xe 129	128,904 780
	Xe 130	129,903 509
	Xe 131	130,905 072
	Xe 132	131,904 144
	Xe 134	133,905 395
55	Cs 133	132,905 429
56	Ba 130	129,906 282
	Ba 132	131,905 042
	Ba 134	133,904 486
	Ba 135	134,905 665
	Ba 136	135,904 553
	Ba 137	136,905 812
	Ba 138	137,905 232
57	La 139	138,906 347

Z	Nuklid	m_a/u	Z	Nuklid	m_a/u	Z	Nuklid	m_a/u
58	Ce 136	135,907 140	67	Ho 165	164,930 319	76	Os 187	186,955 741
	Ce 138	137,905 985					Os 188	187,955 860
	Ce 140	139,905 433	68	Er 162	161,928 775		Os 189	188,958 137
				Er 164	163,929 198		Os 190	189,958 436
59	Pr 141	140,907 647		Er 166	165,930 290		Os 192	191,961 467
				Er 167	166,932 046			
60	Nd 142	141,907 719		Er 168	167,932 368	77	Ir 191	190,960 584
	Nd 143	142,909 810		Er 170	169,935 461		Ir 193	192,962 917
	Nd 145	144,912 570						
	Nd 146	145,913 113	69	Tm 169	168,934 212	78	Pt 192	191,961 019
	Nd 148	147,916 889					Pt 194	193,962 655
			70	Yb 168	167,933 894		Pt 195	194,964 766
62	Sm 144	143,911 998		Yb 170	169,934 759		Pt 196	195,964 926
	Sm 150	149,917 273		Yb 171	170,936 323		Pt 198	197,967 869
	Sm 152	151,919 729		Yb 172	171,936 378			
	Sm 154	153,922 206		Yb 173	172,938 208	79	Au 197	196,966 543
				Yb 174	173,938 859			
63	Eu 151	150,919 847		Yb 176	175,942 564	80	Hg 196	195,965 807
	Eu 153	152,921 225					Hg 198	197,966 743
			71	Lu 175	174,940 770		Hg 199	198,968 254
64	Gd 154	153,920 861					Hg 200	199,968 300
	Gd 155	154,922 618	72	Hf 176	175,941 406		Hg 201	200,970 277
	Gd 156	155,922 118		Hf 177	176,943 217		Hg 202	201,970 617
	Gd 157	156,923 956		Hf 178	177,943 696		Hg 204	203,973 467
	Gd 158	157,924 219		Hf 179	178,945 812			
	Gd 160	159,927 049		Hf 180	179,946 546	81	Tl 203	202,972 320
							Tl 205	204,974 401
65	Tb 159	158,925 342	73	Ta 181	180,947 992			
						82	Pb 206	205,974 440
66	Dy 156	155,924 277	74	W 180	179,946 701		Pb 207	206,975 872
	Dy 158	157,924 403		W 182	181,948 202		Pb 208	207,976 627
	Dy 160	159,925 193		W 183	182,950 220			
	Dy 161	160,926 930		W 186	185,954 357	83	Bi 209	208,980 374
	Dy 162	161,926 795						
	Dy 163	162,928 728	75	Re 185	184,952 951			
	Dy 164	163,929 171						

T17.2 Radionuklide

Halbwertszeit $T_{1/2}$; Zerfallsart Z. A. (α; β^-; β^+ und ε [Elektroneneinfang]); Zerfallsenergie

Z	Nuklid	$T_{1/2}$	Z.A.	Energie/ MeV
1	H 3	12,32 a	β^-	14,9498
6	C 11	20,334 min	ε	10,6503
	C 14	$5{,}7\cdot10^3$a	β^-	3,0198
11	Na 22	2,6 a	β^+	–5,1816
15	P 30	2,498 min	β^+	–20,2006
26	Fe 55	2,737 a	ε	–57,4793
	Fe 59	44,495 d	β^-	–60,6630
27	Co 57	271,74 d	ε	–59,3440
	Co 60	5,3 a	β^-	–61,6488
36	Kr 85	10,8 a	β^-	–81,4802
43	Tc 98	$4{,}2\cdot10^6$a	β^-	–86,4307
61	Pm 145	18 a	ε, α	–81,2741
75	Re 187	$4{,}12\cdot10^{10}$a	β^-	–41,2155
81	Tl 207	4,77 min	β^-	–21,0337
	Tl 208	3,053 min	β^-	–16,7495
82	Pb 209	3,253 h	β^-	–17,6146
	Pb 210	22,20 a	β^-	–14,7284
	Pb 211	36,1 min	β^-	–10,4913
	Pb 212	10,04 h	β^-	–7,5472
	Pb 214	26,8 min	β^-	–0,1810
83	Bi 210	5,012 d	β^-	–14,7919
	Bi 211	2,14 min	α	–11,8584
	Bi 212	60,55 min	β^-	–8,1173
	Bi 213	45,59 min	β^-	–5,2306
	Bi 214	19,9 min	β^-	–1,2002
84	Po 210	138,376 d	α	–15,9532
	Po 212	45,15 µs	α	–13,2915
	Po 213	3,65 µs	α	–6,6535
	Po 214	0,164 ms	α	–4,4701
	Po 215	1,781 ms	α	–0,5401
	Po 216	0,146 s	α	1,7839
	Po 218	3,10 min	α	8,3585

Z	Nuklid	$T_{1/2}$	Z.A.	Energie/ MeV
85	At 217	32,3 ms	α	4,3955
86	Rn 219	3,96 s	α	8,8308
	Rn 220	18 ms	α	10,2727
	Rn 222	38,05 d	α	14,3211
87	Fr 221	4,9 min	α	13,2782
88	Ra 223	11,43 d	α	17,2347
	Ra 224	3,6319 d	α	18,8772
	Ra 225	14,9 d	β^-	21,9940
	Ra 226	$1{,}6\cdot10^3$a	α	23,6693
	Ra 228	5,75 a	β^-	28,9418
89	Ac 225	10,0 d	α	21,6382
	Ac 227	21,772 a	β^-	25,8510
	Ac 228	6,15 h	β^-	28,8960
90	Th 227	18,68 d	α	25,8662
	Th 228	1,9116 a	α	26,7722
	Th 229	$7{,}34\cdot10^3$a	α	29,5865
	Th 230	$7{,}538\cdot10^4$a	α	30,8640
	Th 231	25,52 h	β^-	33,8173
	Th 232	$1{,}405\cdot10^{10}$a	α	35,4484
	Th 234	24,19 d	β^-	40,6143
91	Pa 231	$3{,}276\cdot10^4$a	α	33,4258
	Pa 233	26,975 d	β^-	37,4899
	Pa 234	6,7 h	β^-	40,3412
92	U 233	$1{,}592\cdot10^5$a	α	36,9199
	U 234	$2{,}485\cdot10^5$a	α	38,1467
	U 235	$7{,}04\cdot10^8$a	α	40,9205
	U 238	$4{,}468\cdot10^9$a	α	47,3090
93	Np 237	$2{,}144\cdot10^6$a	α	44,8733
94	Pu 241	14,290 a	β^-	52,9569
95	Am 241	$4{,}322\cdot10^2$a	α	52,9361

T18 Zerfallsreihen von Radionukliden

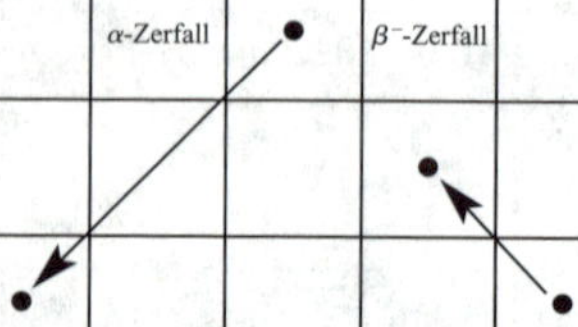

Symbol | **Rn 219** | Massenzahl
4,0 s | Halbwertsze
Strahlenarten { α 6,8 / γ 0,40 } Max. Energi in MeV

Z \ N	124	125	126	127	128	129	130	131	132	133	134	135
95												
94												
93												
92												
91												
90												
89												
88												**Ra 22** 11 d α 5,7 γ 0,34
87											**Fr 221** 4,9 min α 6,3 γ 0,41	
86										**Rn 219** 4,0 s α 6,8 γ 0,40	**Rn 220** 56 s α 6,3 γ 0,55	
85									**At 217** 32 ms α 7,1 γ 0,60			
84			**Po 210** $1{,}4 \cdot 10^2$d α 5,3 γ 0,80		**Po 212** 0,30 µs α 8,8 γ –	**Po 213** 4,2 µs α 8,4 γ –	**Po 214** 0,16 ms α 7,7 γ 0,80	**Po 215** 1,8 ms α 7,4 γ 0,44	**Po 216** 0,15 s α 6,8 γ 0,81		**Po 218** 3,1 min α 6,0 γ –	
83			**Bi 209** stabil	**Bi 210** 5,0 d β⁻ 1,2 γ 0,31	**Bi 211** 2,2 min α 6,6 γ 0,35	**Bi 212** 61 min β⁻ 2,3 α 6,1 γ 0,73	**Bi 213** 46 min β⁻ 1,4 γ 1,1	**Bi 214** 20 min β⁻ 3,3 γ 1,8				
82	**Pb 206** stabil	**Pb 207** stabil	**Pb 208** stabil	**Pb 209** 3,3 h β⁻ 0,6 γ –	**Pb 210** 22 a β⁻ 0,06 γ 0,047	**Pb 211** 36 min β⁻ 1,4 γ 0,83	**Pb 212** 11 h β⁻ 0,60 γ 0,30		**Pb 214** 27 min β⁻ 1,0 γ 0,35			
81			**Tl 207** 4,8 min β⁻ 1,4 γ 0,90	**Tl 208** 3,0 min β⁻ 2,4 γ 2,6								

										Am 241 $4{,}3 \cdot 10^2$a α 5,5 γ 0,06	
											Pu 241 14 a β^- 0,02 γ 0,15
								Np 237 $2{,}1 \cdot 10^6$a α 4,8 γ 0,087			
					U 233 $1{,}6 \cdot 10^5$a α 4,8 γ 0,097	**U 234** $2{,}5 \cdot 10^5$a α 4,8 γ 0,12	**U 235** $7{,}0 \cdot 10^8$a α 4,4 γ 0,19			**U 238** $4{,}5 \cdot 10^9$a α 4,2 γ 0,050	
				Pa 231 $3{,}3 \cdot 10^4$a α 5,0 γ 0,30		**Pa 233** 27 d β^- 0,6 γ 0,34	**Pa 234** 1,2 min β^- 2,3 γ 1,0				
	Th 227 19 d α 6,0 γ 0,26	**Th 228** 1,9 a α 5,4 γ 0,22	**Th 229** $7{,}3 \cdot 10^3$a α 4,9 γ 0,21	**Th 230** $7{,}5 \cdot 10^4$a α 4,7 γ 0,14	**Th 231** 26 h β^- 0,4 γ 0,084	**Th 232** $1{,}4 \cdot 10^{10}$a α 4,0 γ 0,059		**Th 234** 24 d β^- 0,2 γ 0,092			
225 d 5,8 0,19		**Ac 227** 22 a β^- 0,04 γ 0,01	**Ac 228** 6,1 h β^- 2,1 γ 0,97								
224 d 5,7 0,65	**Ra 225** 15 d β^- 0,4 γ 0,040	**Ra 226** $1{,}6 \cdot 10^3$a α 4,8 γ 0,26		**Ra 228** 5,8 a β^- 0,04 γ 0,010							
222 d 5,5 0,51											
136	137	138	139	140	141	142	143	144	145	146	147

Zerfallsreihen: Name, Raster

Uran-Radium
Uran-Actinium
Thorium
Neptunium

T19 Quarks

Quark Name	Quark Symbol	Ladung in e	Ruhemasse (ungefähr) in u	Anti-Quark Symbol	Ladung in e
up	u	$+\frac{2}{3}$	0,33	$\overline{u}$	$-\frac{2}{3}$
down	d	$-\frac{1}{3}$	0,33	$\overline{d}$	$+\frac{1}{3}$
charm	c	$+\frac{2}{3}$	1,60	$\overline{c}$	$-\frac{2}{3}$
strange	s	$-\frac{1}{3}$	0,54	$\overline{s}$	$+\frac{1}{3}$
top	t	$+\frac{2}{3}$	24,15	$\overline{t}$	$-\frac{2}{3}$
bottom	b	$-\frac{1}{3}$	5,37	$\overline{b}$	$+\frac{1}{3}$

T20 Leptonen

Teilchen

Name	Symbol	Ladung	Ruhemasse
Elektron	e^-	$-e$	$9{,}109\,389\,7\,(54) \cdot 10^{-31}$ kg
Myon	μ^-	$-e$	$1{,}883\,532\,7\,(11) \cdot 10^{-28}$ kg
Tauon	τ^-	$-e$	$3{,}1806 \cdot 10^{-27}$ kg
(Elektron)-Neutrino	υ_e	0	≈ 0
Myon-Neutrino	υ_m	0	≈ 0
Tauon-Neutrino	υ_t	0	≈ 0

Antiteilchen

Name	Symbol	Ladung	Ruhemasse
Positron	e^+	$+e$	$9{,}109\,389\,7\,(54) \cdot 10^{-31}$ kg
Anti-Myon	μ^+	$+e$	$1{,}883\,532\,7\,(11) \cdot 10^{-28}$ kg
Anti-Tauon	τ^+	$+e$	$3{,}1806 \cdot 10^{-27}$ kg
Anti-E-Neutrino	$\overline{\upsilon_e}$	0	≈ 0
Anti-M-Neutrino	$\overline{\upsilon_m}$	0	≈ 0
Anti-T-Neutrino	$\overline{\upsilon_t}$	0	≈ 0

T21 pK_S- und pK_B-Werte in wässriger Lösung

	pK_s	Säure	korrespondierende Base	pK_B	
	vollständige	$HClO_4$	ClO_4^-	keine	
	Protonen	HI	I^-	Protonen-	
	abgabe	HCl	Cl^-	abgabe	
		H_2SO_4	HSO_4^-		
	– 1,74	H_3O^+	H_2O	15,74	
	– 1,32	HNO_3	NO_3^-	15,32	
	1,92	HSO_4^-	SO_4^{2-}	12,08	
	2,13	H_3PO_4	$H_2PO_4^-$	11,87	
	2,22	$[Fe(H_2O)_6]^{3+}$	$[Fe(OH)(H_2O)_5]^{2+}$	11,78	
	3,14	HF	F^-	10,86	
Säure-	3,35	HNO_2	NO_2^-	10,65	Säure-
Stärke	3,75	NCOOH	$HCOO^-$	10,25	Stärke
nimmt	4,75	CH_3COOH	CH_3COO^-	9,25	nimmt
von	4,85	$[Al(H_2O)_6]^{3+}$	$[Al(OH)(H_2O)_5]^{2+}$	9,15	von
unten	6,52	H_2CO_3/CO_2	HCO_3^-	7,48	oben
nach	6,92	H_2S	HS^-	7,08	nach
oben	7,00	HSO_3^-	SO_3^{2-}	7,00	unten
zu	7,20	H_2PO_4	HPO_4^{2-}	6,80	zu
	9,25	NH_4^+	NH_3	4,75	
	9,40	HCN	CN^-	4,60	
	10,40	HCO_3^-	CO_3^{2-}	3,60	
	12,36	HPO_3^{2-}	PO_4^{3-}	1,64	
	13,00	HS^-	S^{2-}	1,00	
	15,74	H_2O	OH^-	–1,74	
	keine	C_2H_5OH	$C_2H_5O^-$	vollständige	
	Protonen-	NH_3	NH_2^-	Protonen-	
	abgabe	OH^-	O^{2-}	abgabe	
		H_2	H^-		

T22 Normalpotenziale

Reduzierend	Oxidierend	E^0/V	E/V
Li	Li^+	–3,04	
K	K^+	–2,92	
Ca	Ca^{2+}	–2,87	
Na	Na^+	–2,71	
Mg	Mg^{2+}	–2,36	
Al	Al^{3+}	–1,66	
$H_2 + 2\ CH^-$	$2\ H_2O$	–0,83 (pH = 14)	
Zn	Zn^{2+}	–0,76	
S^{2-} (aq)	S	–0,48	
Fe	Fe^{2+}	–0,41	
$H_2 + 2\ H_2O$	$2\ H_3O^+$		–0,41 (pH = 7)
$Pb + SO_4^{2-}$	$PbSO_4$	–0,36	
Sn	Sn^{2+}	–0,14	
Pb	Pb^{2+}	–0,13	
Fe	Fe^{3+}	–0,02	
$H_2 + 2\ H_2O$	**$2\ H_3O^+$**	**0**	
Cu+	Cu^{2+}	+0,17	
Cu	Cu^{2+}	+0,35	
$4\ OH^-$	$O_2 + 2\ H_2O$	+0,40 (pH = 14)	
Cu	Cu^+	+0,52	
$2\ I^-$	I_2 (aq)	+0,54	
MnO_4^{2-}	MnO_4^-	+0,58	
Fe^{2+}	Fe^{3+}	+0,77	
Ag	Ag^+	+0,80	
$NO_2 + 3\ H_2O$	$NO_3^- + 2\ H_3O^+$	+0,80	
$4\ OH^-$	$O_2 + 2\ H_2O$		+0,82 (pH = 7)
$NO + 6\ H_2O$	$NO_3^- + 4\ H_3O^+$	+0,96	
$2\ Br^-$	Br_2 (aq)	+1,09	
$6\ H_2O$	$O_2 + 4\ H_3O^+$	+1,23	
$2\ Cr^{3+} + 21\ H_2O$	$Cr_2O_7^{2-} + 14\ H_3O^+$	+1,33	
$2\ Cl^-$	Cl_2 (aq)	+1,36	
Au	Au^{3+}	+1,41	
$Pb^{2+} + 6\ H_2O$	$PbO_2 + 4\ H_3O^+$	+1,46	
$Mn^{2+} + 12\ H_2O$	$MnO_4^- + 8\ H_3O^+$	+1,50	
MnO_2 (s) $+ 6\ H_2O$	$MnO_4^- + 4\ H_3O^+$	+1,70	
$2\ SO_4^{2-}$	$S_2O_8^{2-}$	+2,01	
2 F–	F_2	+2,87	

Merkhilfe Mathematik

Die nachfolgenden Ausführungen stellen keine Formelsammlung im klassischen Sinn dar. Insbesondere werden die verwendeten Bezeichnungen nicht erklärt und Voraussetzungen für die Gültigkeit der Formeln in der Regel nicht dargestellt.

Teil I: Stoffgebiete der Mittelstufe

Lösungsformel für quadratische Gleichungen

Lösungsformel für $ax^2 + bx + c = 0$: $x_{1/2} = \dfrac{-b \pm \sqrt{b^2 - 4ac}}{2a}$

Potenzen

$a^{\frac{1}{n}} = \sqrt[n]{a}$ $\quad a^{-x} = \dfrac{1}{a^x}$ $\quad (a^x)^z = a^{xz}$

$a^x \cdot a^z = a^{x+z}$ $\quad \dfrac{a^x}{a^z} = a^{x-z}$ $\quad a^x \cdot b^x = (ab)^x$ $\quad \dfrac{a^x}{b^x} = \left(\dfrac{a}{b}\right)^x$

Logarithmen

$\log_b (u\,v) = \log_b u + \log_b v$ $\quad \log_b \dfrac{u}{v} = \log_b u - \log_b v$

$\log_b u^z = z \cdot \log_b u$ $\quad \log_c a = \dfrac{\log_b a}{\log_b c}$

Strahlensätze

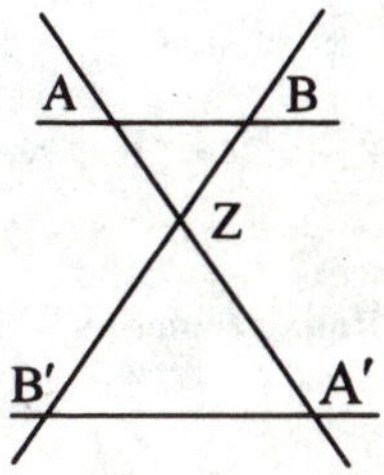

$AB \parallel A'B' \Leftrightarrow \dfrac{\overline{ZA}}{\overline{ZA'}} = \dfrac{\overline{ZB}}{\overline{ZB'}}; \ \dfrac{\overline{ZA}}{\overline{AA'}} = \dfrac{\overline{ZB}}{\overline{BB'}}$

$AB \parallel A'B' \Rightarrow \dfrac{\overline{AB}}{\overline{A'B'}} = \dfrac{\overline{ZA}}{\overline{ZA'}}$

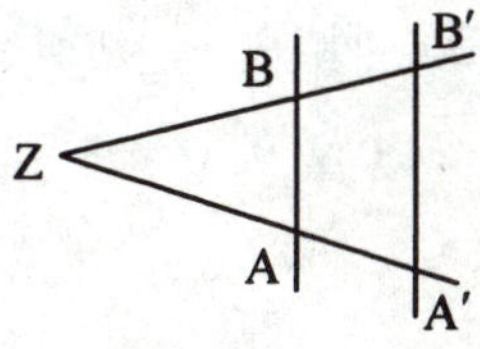

Rechtwinkliges Dreieck

Pythagoras: $a^2 + b^2 = c^2$

Höhensatz: $h^2 = p\,q$

Kathetensatz: $a^2 = c\,p;\ b^2 = c\,q$

$\sin\alpha = \frac{a}{c};\ \cos\alpha = \frac{b}{c};\ \tan\alpha = \frac{\sin\alpha}{\cos\alpha} = \frac{a}{b}$

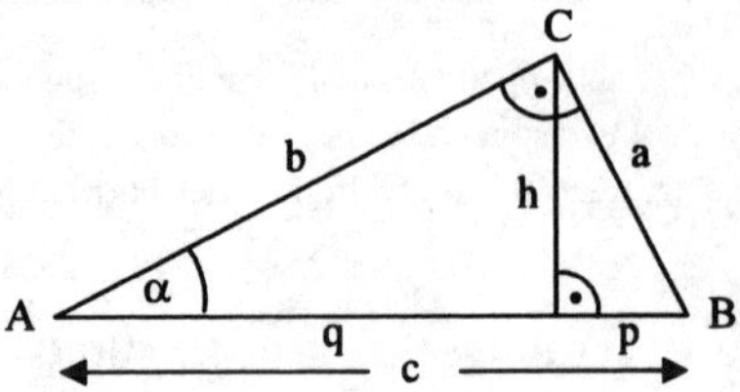

Allgemeines Dreieck

Sinussatz: $a : b : c = \sin\alpha : \sin\beta : \sin\gamma$

Kosinussatz:

$a^2 = b^2 + c^2 - 2\,bc\cos\alpha;\quad b^2 = a^2 + c^2 - 2\,ac\cos\beta;\quad c^2 = a^2 + b^2 - 2\,ab\cos\gamma$

Sinus und Kosinus

$\sin(-\varphi) = -\sin\varphi \qquad \cos(-\varphi) = \cos\varphi \qquad (\sin\varphi)^2 + (\cos\varphi)^2 = 1$

$\sin(90° - \varphi) = \cos\varphi \qquad \cos(90° - \varphi) = \sin\varphi$

Figurengeometrie

Gleichseitiges Dreieck: $A = \frac{a^2}{4}\sqrt{3}$ Trapez: $A = \frac{a+c}{2}\,h$

Kreis: $U = 2\,r\,\pi;\ A = r^2\,\pi$

Raumgeometrie

Prisma: $V = G\,h$ gerader Kreiszylinder: $V = r^2\,\pi\,h;\ M = 2\,r\,\pi\,h$

Pyramide: $V = \frac{1}{3}\,G\,h$ gerader Kreiskegel: $V = \frac{1}{3}\,r^2\,\pi\,h;\ M = r\,\pi\,m$

Kugel: $V = \frac{4}{3}\,r^3\,\pi;\ O = 4\,r^2\,\pi$

Teil II: Analysis

Grenzwerte

$$\lim_{x \to +\infty} \frac{x^r}{e^x} = 0; \quad \lim_{x \to +\infty} \frac{\ln x}{x^r} = 0; \quad \lim_{x \to 0} x^r \ln x = 0 \qquad \text{(jeweils } r > 0\text{)}$$

Für kleine x gilt: $\sin x \approx \tan x \approx x$

Definition der Ableitung

Ableitung: $f'(x_0) = \lim\limits_{x \to x_0} \dfrac{f(x) - f(x_0)}{x - x_0}$,

falls der Grenzwert existiert und endlich ist.

Schreibweisen: $f'(x) = \dfrac{d\,f(x)}{dx} = \dfrac{d}{dx} f(x) = \dfrac{dy}{dx} = y'$

Ableitung der Grundfunktionen

$(x^r)' = r\,x^{r-1}$ $(r \in \mathbb{R})$; $(\sin x)' = \cos x$; $(\cos x)' = -\sin x$

$(e^x)' = e^x$; $(\ln x)' = \dfrac{1}{x}$; $(a^x)' = a^x \cdot \ln a$; $(\log_a x)' = \dfrac{1}{x \cdot \ln a}$

Ableitungsregeln

Summenregel: $f(x) = u(x) + v(x) \Rightarrow f'(x) = u'(x) + v'(x)$

Faktorregel: $f(x) = c \cdot u(x) \Rightarrow f'(x) = c \cdot u'(x)$

Produktregel: $f(x) = u(x) \cdot v(x) \Rightarrow f'(x) = u'(x) \cdot v(x) + u(x) \cdot v'(x)$

Quotientenregel: $f(x) = \dfrac{u(x)}{v(x)} \Rightarrow f'(x) = \dfrac{u'(x) \cdot v(x) - u(x) \cdot v'(x)}{[v(x)]^2}$

Kettenregel: $f(x) = u(v(x)) \Rightarrow f'(x) = u'(v(x)) \cdot v'(x)$

Anwendungen der Differentialrechnung

- Tangentensteigung: $m_T = f'(x_0)$; Normalensteigung: $m_N = -\dfrac{1}{f'(x_0)}$
- Monotoniekriterium:
  $f'(x) < 0$ im Intervall I $\Rightarrow$ f fällt streng monoton in I.
  $f'(x) > 0$ im Intervall I $\Rightarrow$ f steigt streng monoton in I.

- Art von Extremwerten (mit Hilfe der zweiten Ableitung):
  $f'(x_0) = 0$ und $f''(x_0) > 0 \Rightarrow$ f hat an der Stelle x_0 ein relatives Minimum.
  $f'(x_0) = 0$ und $f''(x_0) < 0 \Rightarrow$ f hat an der Stelle x_0 ein relatives Maximum.

- Graphenkrümmung:
  $f''(x) < 0$ im Intervall I $\Rightarrow$ G_f ist in I rechtsgekrümmt.
  $f''(x) > 0$ im Intervall I $\Rightarrow$ G_f ist in I linksgekrümmt.

- Wendepunkt:
  Ist $f''(x_0) = 0$ und wechselt f'' an der Stelle x_0 das Vorzeichen, so hat G_f an der Stelle x_0 einen Wendepunkt.

- Newtonsche Iterationsformel zur näherungsweisen Berechnung von Nullstellen:

$$x_{n+1} = x_n - \frac{f(x_n)}{f'(x_n)}$$

Hauptsatz der Differential- und Integralrechnung

Jede Integralfunktion einer stetigen Funktion f ist eine Stammfunktion von f.

$$I(x) = \int_a^x f(t)\,dt \Rightarrow I'(x) = f(x)$$

Berechnung bestimmter Integrale

$$\int_a^b f(x)\,dx = F(b) - F(a) = [F(x)]_a^b,$$ wobei F eine beliebige Stammfunktion zu f ist.

Wichtige unbestimmte Integrale

$$\int x^r\,dx = \frac{x^{r+1}}{r+1} + C \quad (r \neq -1) \qquad \int \frac{1}{x}\,dx = \ln|x| + C$$

$$\int \sin x\,dx = -\cos x + C \qquad \int \cos x\,dx = \sin x + C$$

$$\int e^x\,dx = e^x + C \qquad \int \ln x\,dx = -x + x\ln x + C$$

$$\int \frac{f'(x)}{f(x)}\,dx = \ln|f(x)| + C \qquad \int f'(x)\,e^{f(x)}\,dx = e^{f(x)} + C$$

$$\int f(ax+b)\,dx = \frac{1}{a}F(ax+b) + C,$$ wobei F Stammfunktion von f ist.

Teil III: Wahrscheinlichkeitsrechnung

Binominalkoeffizient: $\binom{n}{k} = \frac{n!}{k! \cdot (n-k)!} = \frac{n \cdot (n-1) \cdot \ldots \cdot (n-k+1)}{k!}$

Der Binominalkoeffizient gibt an, wie viele Möglichkeiten es gibt, aus einer Menge mit n Elementen eine Teilmenge mit k Elementen zu bilden.

Bedingte Wahrscheinlichkeit: $P_A(B) = \frac{P(A \cap B)}{P(A)}$

Unabhängigkeit von zwei Ereignissen: $P(A \cap B) = P(A) \cdot P(B)$

Urnenmodell

- Ziehen ohne Zurücklegen:
  Aus einer Urne mit N Kugeln, von denen K schwarz sind, werden n Kugeln ohne Zurücklegen gezogen.
  $P(\text{„genau k schwarze Kugeln“}) = \frac{\binom{K}{k} \cdot \binom{N-K}{n-k}}{\binom{N}{n}}$

- Ziehen mit Zurücklegen:
  Aus einer Urne, in der der Anteil schwarzer Kugeln p ist, werden n Kugeln mit Zurücklegen gezogen.
  $P(\text{„genau k schwarze Kugeln“}) = \binom{n}{k} \cdot p^k \cdot (1-p)^{n-k}$

Zufallsgrößen – Binominalverteilung

Die Zufallsgröße X nehme die Werte $x_1, x_2, \ldots, x_n$ jeweils mit den Wahrscheinlichkeiten $p_1, p_2, \ldots, p_n$ an. Dann gilt:

- Erwartungswert:

$$\mu = E(X) = \sum_{i=1}^{n} x_i \cdot p_i = x_1 \cdot p_1 + x_2 \cdot p_2 + \ldots + x_n \cdot p_n$$

- Varianz:

$$Var(X) = \sum_{i=1}^{n} (x_i - \mu)^2 \cdot p_i = (x_1 - \mu)^2 \cdot p_1 + (x_2 - \mu)^2 \cdot p_2 + \ldots + (x_n - \mu)^2 \cdot p_n$$

- Standardabweichung:

$\sigma = \sqrt{Var(X)}$

Ist die Zufallsgröße X binominal verteilt nach B (n; p), so gilt:

$P(X=k) = B(n;p;k) = \binom{n}{k} \cdot p^k \cdot (1-p)^{n-k}$ für $k = 0, 1, \ldots, n$

mit Erwartungswert $E(X) = n \cdot p$ und Varianz $Var(X) = n \cdot p \cdot (1-p)$

Teil IV: Analytische Geometrie

Standardskalarprodukt im $\mathbb{R}^3$: $\vec{a} \circ \vec{b} = \begin{pmatrix} a_1 \\ a_2 \\ a_3 \end{pmatrix} \circ \begin{pmatrix} b_1 \\ b_2 \\ b_3 \end{pmatrix} = a_1 b_1 + a_2 b_2 + a_3 b_3$

Eigenschaften und Anwendungen des Skalarproduktes

- zueinander senkrechte Vektoren: $\vec{a} \perp \vec{b} \Leftrightarrow \vec{a} \circ \vec{b} = 0$
- Betrag eines Vektors: $|\vec{a}| = \sqrt{\vec{a} \circ \vec{a}}$
- Einheitsvektor: $\vec{a}^{\,0} = \frac{\vec{a}}{|\vec{a}|}$
- Winkel zwischen zwei Vektoren: $\cos\varphi = \frac{\vec{a} \circ \vec{b}}{|\vec{a}| \cdot |\vec{b}|}$ mit $0 \leq \varphi \leq \pi$

Vektorprodukt im $\mathbb{R}^3$: $\vec{a} \times \vec{b} = \begin{pmatrix} a_2 b_3 - a_3 b_2 \\ a_3 b_1 - a_1 b_3 \\ a_1 b_2 - a_2 b_1 \end{pmatrix}$

Eigenschaften und Anwendungen des Vektorproduktes

- $\vec{a} \times \vec{b}$ steht senkrecht auf $\vec{a}$ und $\vec{b}$
- $|\vec{a} \times \vec{b}| = |\vec{a}| \cdot |\vec{b}| \cdot \sin\varphi$ mit $0 \leq \varphi \leq \pi$
- Flächeninhalt F des Dreiecks ABC: $F = \frac{1}{2} \left| \overrightarrow{AB} \times \overrightarrow{AC} \right|$
- Volumen V der dreiseitigen Pyramide ABCD: $V = \frac{1}{6} \left| \overrightarrow{AB} \circ \left(\overrightarrow{AC} \times \overrightarrow{AD} \right) \right|$

Mittelpunkt M der Strecke [AB]: $\vec{M} = \frac{1}{2}\left(\vec{A}+\vec{B}\right)$

Schwerpunkt S des Dreiecks ABC: $\vec{S} = \frac{1}{3}\left(\vec{A}+\vec{B}+\vec{C}\right)$

Ebene im $\mathbb{R}^3$

- Parameterform von E: $\vec{X} = \vec{A} + \lambda\vec{u} + \mu\vec{v}$
- Normalenform von E in Vektordarstellung: $\vec{n} \circ \left(\vec{X} - \vec{A}\right) = 0$
- Normalenform von E in Koordinatendarstellung: $n_1x_1 + n_2x_2 + n_3x_3 + n_0 = 0$
- Abstand e des Punktes $P(p_1|p_2|p_3)$ von E: $e = \frac{|n_1p_1 + n_2p_2 + n_3p_3 + n_0|}{|\vec{n}|}$

Kugelgleichung

$(x_1 - m_1)^2 + (x_2 - m_2)^2 + (x_3 - m_3)^2 = r^2$

Stichwortverzeichnis

Register Physikteil

Register Chemieteil

Register Mathematikteil

Periodensystem der chemischen Elemente

Erläuterungen:

Ordnungszahl	24 **Cr**	Symbol
	Chrom	Name
	51,996 u	Atommasse
	1,66	Elektronegativität

Bei natürlichen Elementen ist das Symbol fettgedruckt.

Periode	Gruppe 1	2	3	4	5	6	7	8	9
1	1 **H** Wasserstoff 1,0079 u 2,20								
2	3 **Li** Lithium 6,941 u 0,98	4 **Be** Beryllium 9,0122 u 1,57							
3	11 **Na** Natrium 22,99 u 0,93	12 **Mg** Magnesium 24,305 u 1,31							
4	19 **K** Kalium 39,098 u 0,82	20 **Ca** Calcium 40,08 u 1,00	21 **Sc** Scandium 44,956 u 1,36	22 **Ti** Titan 47,90 u 1,54	23 **V** Vanadium 50,942 u 1,63	24 **Cr** Chrom 51,996 u 1,66	25 **Mn** Mangan 54,938 u 1,55	26 **Fe** Eisen 55,847 u 1,83	27 **Co** Kobalt 58,933 u 1,91
5	37 **Rb** Rubidium 85,468 u 0,82	38 **Sr** Strontium 87,62 u 0,95	39 **Y** Yttrium 88,906 u 1,22	40 **Zr** Zirkonium 91,22 u 1,33	41 **Nb** Niob 92,906 u 1,60	42 **Mo** Molybdän 95,94 u 2,16	43 Tc Technetium 98,91 u 1,90	44 **Ru** Ruthenium 101,07 u 2,20	45 **Rh** Rhodium 102,91 u 2,28
6	55 **Cs** Cäsium 132,91 u 0,79	56 **Ba** Barium 137,33 u 0,89	57 **La** Lanthan 138,91 u 1,10	72 **Hf** Hafnium 178,49 u 1,30	73 **Ta** Tantal 180,95 u 1,50	74 **W** Wolfram 183,85 u 2,36	75 **Re** Rhenium 186,21 u 1,90	76 **Os** Osmium 190,2 u 2,20	77 **Ir** Iridium 192,22 u 2,20
zu 6	Lanthanoide →			58 **Ce** Cer 140,12 u 1,12	59 **Pr** Praseodym 140,91 u 1,13	60 **Nd** Neodym 144,24 u 1,14	61 Pm Promethium 146,9 u –	62 **Sm** Samarium 150,35 u 1,17	63 **Eu** Europium 151,96 u –
7	87 **Fr** Francium 223,02 u 0,70	88 **Ra** Radium 226,03 u 0,89	89 **Ac** Actinium 227,03 u 1,10	104 Rf Rutherford. 261,11 u 1,30	105 Db Dubnium 262,11 u –	106 Sg Seaborgium 263,12 u –	107 Bh Bohrium 262,12 u –	108 Hs Hassium 265,00 u –	109 Mt Meitnerium (266 u) –
zu 7	Actinoide →			90 **Th** Thorium 232,04 u 1,50	91 **Pa** Protaktin. 231,04 u 1,30	92 **U** Uran 238,03 u 1,36	93 Np Neptunium 237,05 u 1,38	94 Pu Plutonium (244,1 u) 1,30	95 Am Americium (243,1 u) 1,28

10	11	12	13	14	15	16	17	18
								2 He Helium 4,0026 u –
			5 B Bor 10,81 u 2,04	**6 C** Kohlenstoff 12,011 u 2,55	**7 N** Stickstoff 14,007 u 3,04	**8 O** Sauerstoff 15,999 u 3,44	**9 F** Fluor 18,998 u 3,98	**10 Ne** Neon 20,179 u –
			13 Al Aluminium 26,982 u 1,61	**14 Si** Silicium 28,086 u 1,90	**15 P** Phosphor 30,974 u 2,19	**16 S** Schwefel 32,06 u 2,58	**17 Cl** Chlor 35,453 u 3,16	**18 Ar** Argon 39,948 u 0,82
28 Ni Nickel 58,71 u 1,88	**29 Cu** Kupfer 63,546 u 1,90	**30 Zn** Zink 65,38 u 1,65	**31 Ga** Gallium 69,735 u 1,81	**32 Ge** Germanium 72,59 u 2,01	**33 As** Arsen 74,922 u 2,18	**34 Se** Selen 78,966 u 2,55	**35 Br** Brom 79,904 u 2,96	**36 Kr** Krypton 83,80 u –
46 Pd Palladium 106,4 u 2,20	**47 Ag** Silber 107,87 u 1,93	**48 Cd** Cadmium 112,41 u 1,69	**49 In** Indium 114,82 u 1,78	**50 Sn** Zinn 118,69 u 1,96	**51 Sb** Antimon 121,75 u 2,05	**52 Te** Tellur 127,60 u 2,66	**53 J** Jod 126,90 u 2,10	**54 Xe** Xenon 131,30 u 2,60
78 Pt Platin 195,09 u 2,28	**79 Au** Gold 196,97 u 2,54	**80 Hg** Quecksilber 200,59 u 2,00	**81 Tl** Thallium 204,37 u 1,62	**82 Pb** Blei 207,19 u 2,33	**83 Bi** Wismut 208,98 u 2,02	**84 Po** Polonium 208,98 u 2,00	**85 At** Astatin 209,99 u 2,20	**86 Rn** Radon (222 u) –
64 Gd Gadolinium 157,25 u 1,20	**65 Tb** Terbium 158,93 u –	**66 Dy** Dysprosium 162,50 u 1,22	**67 Ho** Holmium 164,93 u 1,23	**68 Er** Erbium 167,26 u 1,24	**69 Tm** Thulium 168,93 u 1,25	**70 Yb** Ytterbium 173,04 u –	**71 Lu** Lutetium 174,97 u 1,27	
110 DS Darmstadtium (269 u) –	**111** RG Röntgenium (272 u) –	**112** Cn Copernicium (277 u) –	**113** Uut Ununtrium (287 u) –	**114** Uuq Ununquadium (289 u) –	**115** Uup Ununpentium (288 u) –	**116** Uuh Ununhexium (289 u) –	**117** Uus Ununseptium – –	**118** Uuo Ununoctium (293 u) –
96 Cm Curium (247,1 u) 1,30	**97** Bk Berkelium (247,1 u) 1,30	**98** Cf Californium (251,1 u) 1,30	**99** Es Einsteinium (254,1 u) 1,30	**100** Fm Fermium (257,1 u) 1,30	**101** Md Mendelev. (258 u) 1,30	**102** No Nobelium (259 u) 1,30	**103** Lr Lawrencium (260 u) –	